Manifestez
la vie que
Vous souhaitez

Manifestez
la vie que
vous souhaitez

Guide pour bien vibrer
et pour créer en toute simplicité

Marlène Masquilier

L'auteure n'incite aucunement ses lecteurs à s'exposer à une quelconque forme d'expérience douteuse pour le corps ou l'esprit et se décharge de toute responsabilité quant aux conséquences de vos actions si vous utilisez ses propos à mauvais escient. Son intention est de vous transmettre une information de nature générale pour vous aider dans votre quête de bien-être personnel et spirituel.

© 2020 Marlène Masquilier

Édition : BoD – Books on Demand,
12/14 rond-point des Champs-Élysées, 75008 Paris
Impression : BoD - Books on Demand, Norderstedt, Allemagne

Illustration et Graphisme : Marlène Masquilier
Collection : Guides pour bien vibrer

ISBN : 978-2-3222-2232-2
Dépôt légal : mai 2020

*« Lorsque j'étais petite fille, je rêvais que plus tard,
j'aiderais mes semblables à devenir les merveilleux créateurs
qu'ils ont toujours désiré être en leur transmettant les connaissances
que j'ai reçues tout au long de mon parcours.
Ils verraient alors que la vie est magique ! »*

Pour plus de joie, d'abondance et d'amour,
Marlène

TABLE DES MATIÈRES

Préface :	*Sois tout ce que tu es capable d'être*..........	9
Chapitre 1	L'essence de l'Être.................................	11
Chapitre 2	L'origine des maux................................	15
Chapitre 3	Le sens de la pensée.............................	17
Chapitre 4	Méditer..	21
Chapitre 5	L'état d'éveil...	29
Chapitre 6	Paradigme et manifestation..................	37
Chapitre 7	La confiance en soi...............................	43
Chapitre 8	Expansion de conscience......................	49
Chapitre 9	Le monde visible et invisible................	53
Chapitre 10	Régénération...	59
Chapitre 11	La loi d'attraction..................................	63
Chapitre 12	Savoir pardonner...................................	73
Chapitre 13	Communiquer avec l'Univers...............	77
Chapitre 14	Les enfants et la société........................	83
Chapitre 15	Apprendre aux jeunes gens..................	87
Chapitre 16	La richesse...	91
Chapitre 17	L'intention..	99
Chapitre 18	Le sixième sens......................................	103
Chapitre 19	Les six visages de la peur.....................	107
Chapitre 20	Je suis...	119
Chapitre 21	À vous de jouer !...................................	123

À ma fille et à l'Amour…

« *Votre réalité n'est qu'une source de distraction plus ou moins bonne, suivant ce que vous en faites.* »

« *L'ultime réalité est, sans être ; l'ultime réalité est qu'elle n'est pas en vérité.* »

Marlène Masquilier

Notes de l'auteure : le verbe manifester est très souvent employé dans les livres portant sur le développement personnel et spirituel. Dans ce contexte, manifester est synonyme de créer puisque la manifestation correspond à l'acte de transformer une pensée en son équivalent physique.

Vous pouvez accompagner la lecture de ce guide par les musiques méditatives que j'ai sélectionnées, en rapport avec les thèmes que j'aborde. Elles se trouvent en lien dans la rubrique « mon livre » et dans le blog de mon site internet : *www.marlenebloomingarts.com (où vous trouverez également des conseils et d'autres outils gratuits)*. Choisissez-en une ou plusieurs qui vous serviront d'ambiance de fond et laissez-vous porter par leurs vibrations… Bonne lecture et bonne écoute !

PRÉFACE

« Sois tout ce que tu es capable d'être »

J'ai décidé d'écrire ce livre afin qu'il serve à élargir les consciences en vous offrant une partie de ma vision, un peu de savoir et quelques méthodes. J'espère qu'il vous aidera à vous souvenir de qui vous êtes vraiment et qu'il guérira tout ce qui a pu générer de la souffrance, en vous et autour de vous. Je remercie le Divin et mes guides pour leurs enseignements, pour leurs cadeaux, pour les merveilleux dons que j'ai acquis ainsi que pour leur soutien permanent.

J'ai étudié durant plusieurs années les grands penseurs de ce monde. Le développement spirituel est sans nul doute la clef d'un avenir prometteur pour l'humanité et pour cette belle planète. Nous sommes interconnectés, en devenir, et chaque action a un impact sur notre environnement. Cette Terre qui vous accueille est à votre image. Elle souffre pour le moment, mais l'espoir est dans son cœur. Elle est vivante comme vous l'êtes, et vibre autant que vous.

Je tiens à préciser que je ne suis ni une prêcheuse, ni un gourou, sachant que vous n'avez besoin que de vous pour accomplir votre destinée et vous épanouir. Je souhaite simplement partager mes connaissances en espérant qu'elles vous soient utiles, car vous êtes le seul à pouvoir changer votre réalité.

J'utilise plusieurs mots pour mentionner la Conscience

dans les chapitres du livre, afin d'adapter mon langage au sens que je souhaite donner aux phrases, pour en faciliter la transmission. Mon approche est philosophique et spirituelle et rentre dans le cadre du développement personnel. Elle s'adresse à tout le monde, sans exception.

J'aborde les différents thèmes d'une manière simple et concise afin que vous puissiez retenir un maximum d'informations sans vous en trouver submergé. Enfin, je vous invite à prendre uniquement ce qui résonne en vous. Nul ne doit vous imposer sa vérité, car c'est dans le respect et l'accueil que naissent les courants de pensées les plus constructifs pour l'humanité.

Quand j'étais plus jeune je désirais parcourir le monde ; avec l'âge, j'aspire à la quiétude, à la sagesse et à ce que cette dimension vous comble car elle est une source inépuisable de richesses, à condition de savoir observer. Bénissez la faune et la flore, car elles vous donnent tout sans rien demander en retour. En voyageant, j'ai pu constater que vous cherchiez l'amour, la joie, la paix et la santé un peu partout, sauf au bon endroit.

Tout ce que vous cherchez, vous l'avez déjà au plus profond de votre être. Vous n'avez qu'à vous faire confiance pour le laisser parler c'est ainsi que l'Esprit divin fleurira votre temple et vous offrira ses bienfaits en vous aimant d'un amour inconditionnel.

CHAPITRE 1

L'essence de l'Être

Au cœur de la vie se situe l'Être.
Mais qui est l'Être ? L'Être n'est pas et ne sera jamais, il crée en permanence. Son but est la joie et l'amour car il est libre. Au plus profond de votre cœur, vous pouvez vous relier à l'Être. Lorsque vous êtes enjoué et que vous vibrez des ondes positives en vous sentant bien, vous êtes celui qui est. Votre véritable pouvoir réside en cet Être qui ne demande qu'à vous aider à manifester vos souhaits. Tel un enfant, il est l'Observateur et voit à travers vos yeux. Sa conscience est pure, il ne vous juge jamais, il ne sème ni le doute, ni la peur, ni la tristesse en vous. Il vous aime d'un amour inconditionnel.

D'où vient l'Être ?
Cette question est récurrente. L'humanité a tenté d'y répondre à maintes reprises en émettant des hypothèses. Toutes ses recherches l'ont conduite à affirmer trois choses : Personne ne sait d'où il vient, personne ne connaît son nom et personne ne l'a jamais rencontré. Savez-vous pourquoi ? Peut-être parce qu'il est en chacun de nous et qu'il a décidé d'aimer si fort, qu'il s'est lui-même oublié… ?
J'aime à penser que « Dieu ne sait pas qui il est, Dieu crée. »

L'Être, dans notre monde, porte plusieurs appellations. Toutes ne sont que des mots pour lui permettre d'être référencé dans le catalogue de nos innombrables définitions religieuses, spirituelles, philosophiques et scientifiques. Peu importe celle que vous choisissez, l'important est qu'elle vous parle, car rien ne peut plus le définir que ce qui réside en votre fort intérieur.

L'Être expérimente à travers chacun d'entre nous et apprend à se connaître à travers chacune de nos vies. Il est partout et s'amuse à chaque instant car il est rempli de la plus belle énergie qui soit : l'amour. Il est l'ultime singularité au cœur d'un univers vibratoire riche et en perpétuelle expansion.

Peut-être qu'un jour vous entendrez les voix de l'Être. Elles se présentent sous diverses formes énergétiques, car tout est énergie. Vous êtes énergie. Vous pourrez les appeler guides, esprits, voix, conseillers… En vérité, peu importe les noms que vous leur donnerez. Sachez juste que vous ne serez plus jamais seul et que vous ne l'avez jamais été car vous êtes, en permanence, relié au Divin. Vous aurez alors accès à une multitude de connaissances et vous pourrez facilement traverser les crises de votre monde. La Source abondante à laquelle vous êtes connecté, vous permettra de faire les meilleurs choix vous concernant, car vous serez guidé par ses messagers célestes à travers vos intuitions, vos rêves et vos ressentis.

L'Être n'interviendra jamais dans vos choix ; il vous a offert le libre arbitre afin que vous puissiez vivre de multiples expériences. Ses messagers vous protègent, vous aident si vous le leur demandez, et vous invitent à communiquer avec eux aussi souvent que possible pour résoudre vos problèmes et pour vous éclairer. Ils seront toujours à vos côtés. Il a aussi des messagers terrestres. Dites-vous bien que si vous lisez ce guide, ce n'est pas par hasard. L'information vous est toujours délivrée au bon moment, il suffit d'être prêt à la recevoir.

L'Être donne en permanence et ne cherche pas à retenir car il sait qu'il n'y a aucun intérêt à le faire. Il est bon pour nous tous et nous ne faisons qu'un avec lui lorsque nous sommes la meilleure version de nous-mêmes.

Aimez-vous : c'est votre seule mission. C'est aussi le seul moyen d'éveiller vos semblables pour les amener à plus de conscience, et donc à plus de bienveillance et de tolérance. Alors, le visage de notre planète changera, car nos attitudes et nos actes refléteront nos valeurs et les vertus de l'Être.

CHAPITRE 2

L'origine des maux

Nous vivons dans un monde de polarités et nous ne pouvons en choisir qu'une à la fois. Allez-vous émettre une onde positive ou une onde négative pour accompagner une pensée que vous avez présentement attirée ou que l'on vous a envoyée ? Je vous conseille fortement de vibrer en positif, ce qui correspond à l'Être, ou de rester neutre si son contenu ne vous convient pas. Certes, il n'est pas toujours facile de procéder ainsi, mais sachez qu'avec de la pratique et des exercices vous pourrez maîtriser cet aspect et vous trouverez toujours du positif en toutes situations.

Tous les maux du cerveau, comme j'aime à le dire, viennent d'un mauvais usage du mental et du « Moi » que nous avons tous créé pour expérimenter la dualité de la troisième dimension où vit notre avatar, cet « hologramme organique » qu'est le corps. Le mental est neutre et vous sert à raisonner, tandis que l'ego est un artifice qui affecte vos émotions et qui peut s'emparer des commandes du mental pour le faire travailler contre vous.

Pour vous donner une bonne image du rapport entre la Conscience, le mental et l'ego, je vais utiliser la métaphore de l'ascenseur. Imaginez que vous êtes la Conscience, c'est-à-dire le Grand Moi, et que chaque jour vous preniez l'ascenseur avec le Petit Moi qui est un véritable garnement. S'il est aux commandes, il appuiera sur plusieurs boutons qui finiront par bloquer l'ascenseur ou par vous faire descendre à la cave alors que vous souhaitiez monter. Si la Conscience est aux commandes, elle vous fera accéder au dernier étage d'un gratte-ciel à la vue imprenable ! Le Petit Moi bien éduqué n'en croira pas ses yeux et vous donnera une belle image de lui-même en vous remerciant de l'avoir emmené là-haut !

L'ego est votre Petit Moi, celui à qui vous vous référez lorsque vous vous affirmez. C'est l'image que vous vous faites de vous-même et que vous renvoyez aux autres. L'ego n'est en fait qu'une illusion et il a besoin de vous pour survivre. Nous avons aussi besoin de lui dans cette dimension. Vous n'avez pas à le rejeter car c'est votre création. N'oubliez pas qu'il est votre enfant, et tout comme un bon parent aime sa progéniture, je vous suggère de lui apprendre à bien se comporter et à lui donner des repères pour qu'il puisse opérer en toute sérénité.

Il est primordial de le faire taire et de lui apprendre la docilité afin qu'il vous serve, et non l'inverse. Parlez-lui avec amour lorsqu'il s'enflamme, vous verrez qu'il se calmera et qu'il obtempérera. Si vous lui offrez la paix de l'esprit, il vous offrira ses lumières et deviendra un collaborateur obéissant et sage. Il soutiendra vos objectifs et transmuttera les énergies pour vous aider à manifester tout ce que vous désirez. Voyez-le toujours comme un jumeau blessé que vous guérissez en le libérant de ce que je nomme le « mental inférieur » qui lui fait perdre la raison…

A l'inverse, le « mental supérieur » est un merveilleux instrument qui fonctionne aussi avec la pensée (positive dans ce cas) qui est un sens, tout comme l'odorat ou la vue. Oui, vous avez bien lu : la pensée est un sens ! C'est votre aptitude à percevoir une information et à la retranscrire.

CHAPITRE 3

Le sens de la pensée

« Je pense donc je suis. »
Ce que vous pensez définit qui vous êtes, ce que vous deviendrez et ce que vous ressentez. Si vous pensez bien, vous vous sentez bien et vice-versa. Si vous choisissez l'harmonie en vous respectant et en agissant d'une manière authentique, vous serez heureux car vous établirez l'équilibre psycho-mental dont vous avez besoin pour bien créer.

Nous pensons en conscience, et cette capacité est reliée, entre autres, à deux de nos facultés que sont la raison et l'imagination. Toutes deux servent à vous caractériser. L'imagination est puissante, car elle vous permet de vous projeter dans le futur. Le champ de tous les possibles réside dans l'espace où tout existe déjà, et c'est là que vous allez puiser votre lendemain en l'imaginant ; de ce fait, si vous pouvez sentir et croire qu'une pensée est réelle, vous pourrez la créer dans l'ici et maintenant, peu importe le temps que cela prendra. Les seules limites à vos créations se trouvent dans votre paradigme que j'aborderai au chapitre 6, mais revenons-en aux pensées.

Les pensées ne sont pas dans votre tête comme vous pouvez le croire... Elles se trouvent dans votre environnement et traversent le champ de votre conscience, c'est pourquoi je vous conseille de bouger lorsque vous n'êtes pas bien, car le simple fait de changer d'endroit contribuera à modifier votre état, ce qui transformera l'information débilitante. Grâce à votre mental, vous pouvez trier vos pensées et utiliser la raison et l'imagination pour envoyer un message au subconscient qui utilisera la loi d'attraction pour vous servir, car il communique directement avec l'Univers et les deux travaillent de concert.

Plus vous êtes conscient, c'est-à-dire éveillé au sens figuré, plus le champ de votre conscience s'élève en s'élargissant et plus vous émettez des pensées positives, en choisissant l'amour comme moteur. L'amour est la plus grande force qui soit. Vos pensées, alliées aux émotions qu'elles suscitent en vous, sont diffusées sur une fréquence ; vous pouvez en changer et vous syntoniser sur une fréquence supérieure en montant en vibration, ce qui équivaut à donner de l'amour en rayonnant positivement. En vous transposant d'une manière fantaisiste et joyeuse, dans l'image ou dans le scénario que vous désirez ardemment créer, vous attirez l'énergie propice à sa concrétisation. Maintenez fermement cette vision puis engagez-vous à la matérialiser sans chercher à tout contrôler. La clef est d'y croire car ce sont vos croyances qui vous mènent au résultat escompté. Ressentez à quel point cette vision vous correspond, appréciez le bien-être et la sérénité qu'elle vous procure, puis agissez à partir du cœur en suivant vos émotions positives. Elles doivent calmer vos angoisses et éliminer vos blocages au fur et à mesure de votre progression, c'est ainsi que vous verrez que vous êtes dans de bonnes vibrations et que vous dépasserez vos peurs pour basculer vers la félicité.

Pour parvenir à implanter vos désirs dans votre subconscient, je vous encourage vivement à utiliser des images puiqu'il est uniquement réceptif à ce type de communication. Pour conserver un bon état d'esprit et pour atteindre vos objectifs, utilisez une petite carte sur laquelle vous aurez préalablement écrit à la main, en deux ou trois lignes, ce que vous souhaitez être et avoir. Relisez-la le plus souvent possible pour mémoriser son message car il peut s'estomper au fil du temps, des pressions de l'ego et des événements. Il est d'ailleurs fort probable que vous deviez l'adapter en fonction de votre évolution car le processus de création est complètement malléable et s'ajuste à votre personnalité et à votre parcours.

Si vous choisissez la force positive de l'amour qui correspond à votre divinité, l'Univers vous renverra de l'énergie positive sous forme d'idées inspirantes et de circonstances, pour réaliser ce que vous avez pensé ou imaginé dans le monde sans forme (invisible). Vous verrez ainsi apparaître l'objet de votre création, dans le monde des formes (visible), car l'Univers se mettra en branle pour vous assister.

Toute force a son opposé ; il fera donc de même avec des pensées négatives alignées sur la peur (= mauvaises vibrations) car il ne sait pas faire la différence. Il reçoit toutes les informations dès que vous avez choisi de vibrer en accord avec elles en provoquant des émotions. Ignorez donc celles qui ne vous correspondent pas et ne ressentez rien lorsqu'elles entrent dans votre esprit. Traitez chaque pensée pour n'en extraire que le meilleur.

Lorsque vous utilisez le « mental supérieur », vous dépassez la fausse image de l'ego que nous avons tous créée en grandissant. Cette dernière n'avait qu'une utilité : nous permettre de nous identifier pour évoluer sur Terre, néanmoins, le « mental inférieur » que nous avons tous adopté après quelques années passées dans cette dimension matérielle destinée à expérimenter la dualité, a gangrené cette image en l'acceptant comme sa réalité, au détriment de la

Conscience, qui elle, est bien réelle. Pourquoi ? Parce que nous avons renforcé la fausse image pour nous affirmer en luttant contre le négatif, alors qu'il aurait fallu nous en détacher pour la remodeler à volonté suivant ce que nous désirions être et devenir !

Vous êtes la Conscience : ne réagissez pas, répondez intelligemment en réfléchissant, et vos soucis disparaîtront comme par magie. En résumé, vous êtes un magicien et votre baguette magique est l'Univers qui ne demande qu'à vous être utile. Il ne tient qu'à vous de ne pas vous desservir. Choisissez l'amour plutôt que la haine ou la peur. Votre équilibre interne vous y aidera. Tout sera plus simple si votre corps, votre âme et votre esprit restent alignés, dans le moment présent. Demandez donc à votre être intérieur qu'il procède à cet alignement lors d'une méditation. Vous serez surpris du résultat !

Autorisez-vous le bonheur, la prospérité, la richesse, l'amour et la joie en étant positif ; qui plus est, vous inonderez les autres de lumière et vous guérirez ceux qui souhaitent l'être. Retenez que plus votre champ de conscience est sain, mieux vous vibrez, et plus vous attirez de belles pensées, personnes et circonstances ; de par ce fait, vos réalisations prendront de l'ampleur et vous combleront !

Vous aurez des signes et des synchronicités qui ne trompent pas. Vous ne pourrez alors nier que l'Univers est bien vivant, omniscient et que tout ce que nous ne voyons pas est omnipotent.

CHAPITRE 4

Méditer

Les bienfaits de la méditation ne sont plus à prouver ; je vous propose de les énumérer pour vous révéler ce qu'elle peut vous apporter au quotidien. Tout d'abord, elle vous permet d'améliorer votre concentration ainsi que votre créativité, d'augmenter votre productivité et de renforcer votre système immunitaire ; à cela viennent s'ajouter d'autres bénéfices comme accroître les plaisirs, restaurer votre cerveau, ralentir le processus du vieillissement et d'accélérer les guérisons tout en réduisant votre besoin de médicaments. Intéressant, n'est-ce pas ?

Pour méditer, vous n'avez qu'à vous asseoir sur une chaise, dans un endroit calme, dos bien droit et pieds posés à même le sol. Vos mains sont placées à plat devant vous, sur une table ou un bureau. Vous pouvez aussi les mettre sur vos cuisses. Adoptez la position du lotus si elle vous convient mieux. L'important est que vous soyez à l'aise et en sécurité. Ne vous laissez pas distraire par un élément perturbateur et choisissez de résoudre ce qui peut accaparer votre attention avant de continuer. Lorsque vous serez accoutumé à cette discipline, les bruits ne vous ennuieront plus et vous pourrez méditer presque n'importe quand.

Les chakras sont des centres énergétiques qui, lorsqu'ils sont assainis, permettent à vos différents corps – physique, éthérique, astral, mental, causal, et spirituel – de bien fonctionner. Quand c'est le cas, votre méditation devient profonde et vous donne accès à des états de conscience modifiée. Il existe un grand nombre de livres qui traitent des chakras. En ce qui me concerne, c'est l'initiation que j'ai reçue qui m'a vraiment permis de les nettoyer. Je ne les aborderai pas dans ce guide car il faudrait y consacrer plusieurs chapitres mais je vous conseille vivement de vous y intéresser pour vous harmoniser.

Lorsque vous commencez à méditer, il est important de vous équilibrer ; vous serez alors plus à même de canaliser les énergies environnantes et de renforcer l'émission et la réception d'informations journalières. Vous pouvez formuler votre demande par cette phrase :

« Je demande aujourd'hui, l'harmonisation de mon corps, de mon âme et de mon esprit. »

Sachez qu'il existe des méthodes pour filtrer les flux d'énergie qui vous traversent ; tout comme les fonctions des chakras, elles s'apprennent au fur et à mesure de votre évolution spirituelle, car il est nécessaire de franchir certaines étapes avant d'y parvenir. Je dirai par expérience que tout se fait naturellement et dans un certain ordre.

Lorsque vous débutez en méditation, commencez par respirer doucement et laissez aller vos pensées pour vous aligner avec votre être intérieur. Ne luttez pas contre les pensées qui, au départ, viendront automatiquement nourrir votre esprit, puisque leur fonction est de servir à vos créations et que vous créez en permanence ; en revanche, si vous êtes dans un flot continu de pensées, il est important de le stopper, car rien ne peut émerger d'un tel maelström.

Pour ce faire, il vous faudra découvrir l'espace entre les mots qui s'affichent sur l'écran de votre moniteur interne. Voyez comme rien n'est compréhensible lorsque tout est amalgamé. C'est l'espace entre les notes de musique qui vous permet d'entendre la mélodie… Pratiquez le lâcher-prise. Détachez-vous des pensées en reconnaissant que vous n'êtes pas les pensées, mais que vous êtes le témoin silencieux qui les observe.

Vous êtes l'Observateur. Au-delà des pensées, au-delà des formes, au-delà des mots, au-delà du corps, au-delà du temps… Vous êtes celui qui est, vous n'êtes pas les sons, vous n'êtes pas les images et vous n'êtes pas les formes. Vous êtes pure conscience. Tant que vous lutterez, les pensées ne vous laisseront pas en paix. Laissez-les vous traverser et elles finiront par s'en aller...

J'en profite pour faire une petite digression : la méditation ne consiste pas uniquement à fermer les yeux et à faire le vide. Elle ouvre la voie à d'autres formes de communication, visuelles ou auditives, qui sont transmises par le biais de la pensée. Au préalable, il est important de vous épurer et de vous déconditionner pour y avoir entièrement accès.

Si vous avez du mal à vous concentrer durant vos premières méditations, allumez une bougie blanche, c'est ainsi que je procédais. Concentrez-vous sur la flamme et dès que vous sentez que vos membres commencent à s'engourdir, fermez doucement les yeux.

Durant cet exercice, vous pouvez avoir un doigt qui tressaille ou une jambe qui tremble un peu ; ces signes indiquent que vous commencez à vous ajuster à votre être intérieur… Cela peut prendre plusieurs minutes au début, mais avec de l'entraînement vous arriverez très vite à atteindre la quiétude.

Méditer vingt minutes peut suffire à vous régénérer même si vous ne rattraperez pas une nuit de sommeil. Plus vous pratiquerez et plus vous serez épaté par les bienfaits de ces petits exercices qui feront beaucoup pour vous. C'est une promesse ! Soyez assidu pour obtenir des résultats concluants. Votre être intérieur sait mieux que quiconque comment procéder à l'alignement des énergies, dites-lui simplement ces deux phrases, en pensée, dès que vous entamez votre méditation :

« Je veux m'aligner avec mon être intérieur. »
« Je veux ouvrir le passage. »

Il répondra à vos attentes, et petit à petit, vous commencerez à communiquer avec lui. Au début, vous risquez de ne rien entendre ou de confondre ses réponses avec celles du mental. Persistez et vous pourrez clairement faire la différence lorsque vous serez bien en phase. Ses réponses sont toujours cohérentes, fluides, espacées et vous prodiguent un grand bien-être. Si vous sentez que vous êtes vidé, arrêtez. Vous n'êtes pas en train de communiquer avec lui... Lorsque vous êtes en présence du Divin, vous avez de bons ressentis et une belle énergie. En clair, vous êtes bien. Lorsque c'est l'inverse, il est probable qu'on tente de vous induire en erreur.

Il faut savoir qu'il existe des entités négatives et qu'il est bon de s'en prémunir en demandant à être mis en relation avec votre Moi supérieur, ou avec vos guides aux vibrations les plus élevées, au tout début de chaque pratique, ou lors d'une courte prière antérieure à votre méditation. Ceci ne doit absolument pas vous effrayer car elles n'ont rien à voir avec les films hollywoodiens, mais soyez tout de même prudent, car n'importe qui peut résonner avec vous si vous ne le faites pas ! Les guides n'emploient jamais : « tu devrais », « il faut que » etc. Ils ne donnent jamais d'ordres et il n'y a aucune animosité dans leurs paroles, ce qui n'est pas le cas de celles de l'ego, par exemple. Ils vous aiment et vous accompagnent avec sagesse, bonté et gentillesse. Ils ont même beaucoup d'humour parfois !

Lorsque vous aurez établi un dialogue constant avec eux, ce que je vous souhaite, vous verrez à quel point leurs conseils et leurs messages sont pertinents.

Il y a différentes façons de pratiquer la méditation : vous pouvez faire une méditation guidée, méditez par vous-même pour vous relaxer, ou encore pratiquer un type de méditation spécifique qui vous prodigue un soin, qui vous procure de l'information, qui expand votre conscience, qui favorise la création, qui vous ancre, qui vous libère des charges négatives ou qui vous purifie. Suivant ce qui vous intéresse, vous pouvez prévoir entre cinq et trente minutes ou plus, pour obtenir de bons résultats.

La méditation de pleine conscience est celle que je vous recommande de pratiquer lorsque vous entamez votre développement spirituel, car elle vous libère de la dualité en vous reconnectant à la Conscience. Elle permet d'éviter à vos pensées de vagabonder et de se perdre en toute forme de chose regrettable qui empêche votre esprit de vous servir correctement. Ces pensées parasites vous polluent puisqu'elles ne servent qu'à ressasser le passé et à faire de fausses suppositions quant à l'avenir. Elles alimentent le mental inférieur qui les fait tourner en boucle, de plus, elles affectent votre « Petit moi » en ravivant ses peurs et ses blessures... Elles tirent votre énergie vers le bas, inhibent vos résultats et obstruent l'information qui vous parvient. Filtrez vos pensées et managez votre ego ! Il est essentiel d'apprendre à reconnaître les symptômes qui vous indiquent que vous n'êtes plus ancré dans le moment présent, ou que l'ego tente de vous perturber en déclenchant le corps de souffrance... Vous trouverez au chapitre 21, une introduction à la méditation de pleine conscience rebaptisée « Technique de l'Observateur » qui correspond à la vision et à l'expérience personnelle que j'en ai.

Concernant les méditations guidées, je vous conseille de vous rapprocher d'un professionnel qui saura vous diriger en vous communiquant son savoir et, chose très importante, ses vibrations les plus élevées. Pour ce faire, il est nécessaire de vous écouter et de choisir une personne qui vous mette en confiance et qui résonne avec votre être. Renseignez-vous sur sa fiabilité s'il est possible de le faire, sinon, vos ressentis vous indiqueront si cette personne peut vous aider, et si votre intuition vous conduit vers elle, écoutez-là ! Vous tirerez ainsi profit de ce type de méditation.

Pour méditez par vous même et tenter de rentrer en communication avec vos guides, pensez à respirer doucement et à vous mettre à l'aise. Il n'est pas toujours facile de savoir d'ou provient l'information, c'est pourquoi il est important de poser une intention dès que vous entamez votre méditation afin d'ouvrir le bon canal et d'être dirigé vers vos guides aux plus hautes vibrations. Vous pouvez également visualiser ce que vous souhaitez avant d'établir le contact. Posez vos questions puis identifiez par quel chakra vous provient l'information. Prenez votre temps. Accueillez uniquement ce qui se trouve au niveau de votre chakra vert du cœur (à hauteur de poitrine) car c'est lui qui vous indique que vous communiquez avec des êtres bienveillants. Soyez ensuite attentif à l'énergie et aux vibrations qui vous parviennent. C'est très important car c'est ainsi que vous saurez si vous recevez de l'information juste. En affinant vos perceptions, vous parviendrez de plus en plus rapidement à identifier la source de l'information.

Je suggère à une personne débutante :

1 – de chercher à s'aligner avec son être intérieur en définissant clairement ses intentions.

2 – de contrôler ses chakras et de les purifier en nettoyant ce qui les empêche de bien fonctionner.

3 – de se recentrer en méditant lorsqu'elle sent qu'elle est en perte d'énergie ou que ses vibrations diminuent car les énergies négatives sont puissantes.

4 – de travailler constamment la communication avec ses guides aux plus hautes vibrations tout en entretenant un lien fort avec le Divin.

5 – de protéger sa lumière et de la faire rayonner !

Les prières et les méditations n'ont pas les mêmes propriétés. Les prières s'adressent généralement aux guides, aux anges, aux maîtres ascensionnés ou au Divin. Vous leurs communiquez un désir du cœur fondé sur une intention pure ; sachez que les désirs egotiques ne sont pas entendus car ils ne sont pas en accord avec les lois naturelles. Les méditations, lorsqu'elles sont bien faites, vous permettent de développer vos capacités, toutefois, il faut avoir acquis de bonnes bases avant d'y parvenir. Elles sont cruciales à votre développement dans sa globalité. Il y a beaucoup d'autres choses à mettre en place en plus des méditations, cependant, si vous souhaitez simplement vous sentir bien, elles contribueront largement à votre épanouissement personnel.

CHAPITRE 5

L'état d'éveil

Bien avant d'être celle qui s'adresse à vous, j'étais une jeune fille sensible, réservée et qui pouvait facilement passer d'un état à un autre suivant les circonstances. Ces dernières faisaient en sorte que je n'arrivais pas toujours à opérer de manière efficace et provoquaient de grands bouleversements émotionnels que je ne contrôlais pas. Il s'ensuivait quelquefois un tas d'événements négatifs qui renforçaient les mauvaises énergies que je générais sans m'en rendre vraiment compte. Je n'étais pas consciente que je laissais les événements extérieurs interagir avec mon être. Comme la plupart de ceux qui nagent à contre-courant, je pensais qu'il était impératif de lutter pour avoir ce que je désirais. La vie m'a appris qu'il n'en était rien…

Un beau jour d'automne, j'ai découvert que notre monde allait bien au delà de ce que j'en percevais. Je me souviens encore du 16 novembre 2006 comme si c'était hier. Le soleil brillait et j'avais le sentiment qu'une chose extraordinaire allait arriver depuis quelques jours. Et vous savez quoi ? C'est ce qui arriva bien sûr…

Je n'étais pas comme d'habitude, mes sens étaient décuplés et j'avais le sentiment de flotter dans mon environnement. Je me rappelle même avoir fait un saut à la poste dans un état groggy. Il m'avait fallu des trésors d'ingéniosité pour paraître « normale » aux yeux de mes semblables.

Je me sentais tellement bizarre que j'avais appelé ma mère pour lui faire part de ce que je vivais. Comme elle ne pouvait pas se l'expliquer, nous en étions arrivées à la conclusion que cet état découlait d'une fatigue générale. Je me souviens que je repensais fortement à mon enfance et à la maison que j'avais l'habitude de fréquenter durant les beaux jours.

Cette grande demeure, nommée « La Roseraie », était pour moi un véritable petit paradis. La maison se trouvait en Savoie et nous faisions souvent la route pour y passer quelques jours durant l'été. Lorsque j'étais là-bas, je sentais de fortes énergies. Une grande croix avec le Christ se trouvait à l'angle d'un des murs de clôture du jardin et l'édifice avait trois grands étages, ce qui le rendait imposant.

J'allais souvent jouer dans le verger avec ma sœur car nous avions un grand terrain qui était propice à de multiples récoltes et investigations. Je repense encore aux cerises que nous allions cueillir et dont nous nous régalions si bien que je n'en ai plus jamais mangées en grandissant ! Il y avait une belle bibliothèque dans le salon, au-rez-chaussée où nous logions, et je me rappelle avoir passé des heures à lire Ronsard, la Comtesse de Ségur, les *Fables* de La Fontaine, Alfred de Musset, Maupassant, Baudelaire, Rimbaud et j'en passe... Les journées me semblaient courtes et les nuits bien longues lorsque j'allais me pelotonner dans le lit que je partageais avec ma sœur.

Et pourquoi donc ? Les souvenirs qui refaisaient surface me permirent de mieux comprendre ce qui m'arrivait. Lorsque j'étais enfant, je voyais et j'expérimentais des choses que je ne pouvais expliquer. Comme je ne savais pas comment exprimer ces choses et que j'avais une grande imagination, elles me firent peur, et je décidai qu'il était plus sage de m'en débarrasser en les rationnalisant. J'imaginais que mon cerveau droit jouait avec mes nerfs et que le gauche ne pouvait que me guérir de ces angoisses infondées. Ma famille ne croyait pas vraiment aux esprits et encore moins aux êtres de lumière !

Je refoulais tout ce qui n'était pas concret mais les peurs ne se dissipaient pas et surgissaient de plus belle, si bien que la nuit, elles m'empêchaient même de me lever. La seule technique que j'avais trouvée pour me rassurer était l'instauration du mode « cartoon ». Lorsque la peur me prenait et que je sentais qu'une chose inexplicable allait se produire, je déclenchais le générique des *Looney Tunes* de la Warner Bros. Une belle façon de m'apaiser, car j'ai toujours adoré les dessins animés !

Le 16 novembre, après bien des souvenirs et quelques prières, je fis une projection astrale à une heure du matin. J'avais trente ans. Elle me réconcilia définitivement avec la vie et changea entièrement la perception que j'en avais. Plus rien ne fut jamais pareil, et petit à petit, je recouvrai la mémoire. Je décidai de travailler sur mes blocages, et c'est ainsi que je me suis progressivement intéressée au développement personnel qui correspondait à la femme créative et pragmatique que j'étais devenue.

Pour en revenir à cette fameuse journée, je peux vous dire que je ne me suis jamais sentie aussi bien qu'après cette incroyable expérience. J'étais si vivante que tout semblait magnifique : les sons, les couleurs et les odeurs étaient amplifiés. J'éprouvais une indéfinissable joie pour chaque instant et j'étais si reconnaissante d'être ici et maintenant que j'en avais les larmes aux yeux. Les formes-pensées d'ombre me quittèrent, et je vécus dans un espace d'amour si puissant, que ce fut une libération pour l'esprit.

Les quelques instants passés dans le monde invisible me permirent de vérifier que le temps y était inexistant et que nous n'étions définitivement pas seuls dans l'Espace... Le nombre de langages différents que j'ai perçus lors de cette brève intrusion était phénoménal ! Certains paraissaient très anciens, d'autres m'étaient inconnus, mais tous semblaient provenir de la même source. Au plus profond de mon être, j'ai toujours été convaincue que nous n'étions pas seuls dans l'Univers, c'était improbable au vu de sa complexité et de son étendue. À ce propos, j'ai réalisé bien plus tard, que j'avais fait un long voyage astral lorsque j'étais petite fille...

Vous désirez peut-être en savoir un peu plus sur la projection astrale ? Je vous propose de vous relater mon expérience, néanmoins, je n'irai pas plus loin, car ce n'est pas mon domaine de prédilection. Tout d'abord, je dois vous préciser que l'expérience que j'ai eue ne découlait pas d'une intention mais bien d'une bénédiction (puisque je l'ai bien vécue après coup), à moins que j'ai été programmée à mon insu pour l'expérimenter...

Peut-être y a t'il un peu des deux ? Je me suis longtemps posé cette question et je n'ai toujours pas la réponse bien que je sache où se situe la vérité... Ce type d'expérience improuvable ne veut pas forcément dire qu'elle soit inexistante. D'après les informations que j'ai pu obtenir sur la projection astrale, son concept remonterait à l'antiquité.

A l'époque, sa pratique était limitée à l'élite de la société ou à la hiérarchie spirituelle alors que de nos jours, c'est un phénomène plus répandu. Il reste néanmoins sujet à de nombreuses controverses, quoiqu'il en soit, il est préférable d'éviter de créditer toutes sortes d'informations. Mieux vaut se fier à notre guidance divine.

J'ajoute qu'il serait vraiment dommage de nous limiter à croire uniquement ce que nos yeux voient, car nous nous priverions d'un grand savoir en le faisant... L'ouverture d'esprit est un signe de sagesse (et non pas une fracture du crâne !).

Lors d'une projection astrale, le corps astral sort de son enveloppe physique. Cela se produit lorsque la personne est allongée et qu'elle entre dans un état de sommeil profond. Idéalement, c'est la fréquence Delta (0,5 à 4 Hz) la plus adaptée à ce type de phénomène. Ne vous y trompez pas, il est loin d'être facile d'atteindre cette fréquence ; si vous parvenez déjà à une fréquence Thêta (4 à 8 Hz), vous pouvez vous estimer heureux !

Certains seront probablement rassurés de le savoir car cela semble un peu effrayant lorsqu'on n'est pas prêt à faire ce genre d'expérience. Personnellement, je ne l'étais pas du tout et je dois avouer qu'il m'a fallu avoir la foi et du courage lorsque c'est arrivé car le réveil céleste peut être un peu brutal quelquefois ! Je le dis avec une pointe d'humour car si vous êtes bien intentionné, rien de mal ne peut vous arriver... Restez confiant et léger en toute situation, c'est la clef ! Je poursuis ma petite histoire, qui bien que bouleversante, reste fascinante à tout point de vue.

Mon corps physique est resté tétanisé durant quelques secondes ce qui peut être assimilé à une catalepsie projective. Mon cœur s'est mis à battre la chamade lorsque j'ai réalisé que je ne pouvais plus bouger. J'ai ensuite senti une énergie phénoménale monter et descendre le long de mon corps physique par trois fois. J'ai ressenti quelquechose d'extraordinaire dont les mots ne suffisent pas à exprimer la puissance.

J'avais l'impression qu'on activait une machine intersidérale ! Cela dépassait tout ce que j'avais pu imaginer auparavant et je me sentais bien seule face à cette expérience paranormale. Paniquée, je décidais de ne pas laisser la peur m'envahir ! Je craignais de faire une crise cardiaque car le phénomène était si démesuré que je ne savais pas si mon corps physique pouvait l'endurer.

Durant une demi seconde, je me vis osciller de haut en bas et vice versa, puis, un vent sorti de nul part accapara mon attention tandis que mon enveloppe subtile se détacha subitement de mon corps physique. Je me retrouvais hors du temps, loin de tout ce que je connaissais, et bien loin du monde des hommes...

Instinctivement, je me mis à prier. Je priais avec mon cœur, désireuse d'obtenir de l'aide. J'entendis alors une multitude de voix qui semblèrent me répondre. Quelle fantastique expérience ! Et ce qui suivit, le fût encore plus. Un calme olympien envahit mon esprit suivi d'un immense réconfort. Apaisée, sereine, j'étais enveloppée de lumière... J'aperçus au loin, une flamme surnaturelle blanche et bleu clair, si pure et si douce, qu'elle en reste indescriptible. La suite appartient à l'invisible mais je peux vous dire une chose : la magie de ce voyage restera à jamais gravé dans ma mémoire...

Lorsque je regagnais mon corps physique ce soir là, je ressentis un amour si profond et si indescriptible, que le mot mystique ne suffit même pas à le décrire. Des larmes se mirent à couler en cascade sur mes joues. Etait-ce des larmes de joie ? Je ne saurais le dire, mais je sais une chose : rien ne peut égaler un tel amour... L'amour inconditionnel dépasse l'entendement et transcende tout... Il transmute vos énergies et fait de vous, un nouvel être.

C'est une remise à zéro, c'est le début d'une vie tournée

vers l'humanité pour servir la lumière. Comme un crabe dans l'océan, comme un mulot dans un champ de maïs ou comme un brin d'herbe au milieu d'une vaste plaine, on se sent petit et grand à la fois, on se sent unifié à tout ce qui est, et on vibre avec tout ce qui ne se voit pas. C'est le miracle de la vie...

Pour ceux d'entre vous qui souhaitent approfondir le thème de la projection astrale, je vous suggère de lire l'ouvrage d'Akhena *Sorties hors du corps* et celui de William Buhlman *Voyage au-delà du corps*, qui sont tous deux, très intéressants.

Mes chers lecteurs, j'aimerais tellement vous expliquer comment atteindre l'état d'éveil, qui n'est autre que votre reconnexion avec la Conscience. C'est bien souvent un parcours exigeant qui vous demandera de vous dépasser durant très longtemps... La seule chose que je puisse vous recommander est d'accueillir toutes vos mémoires, de vous accepter comme vous êtes et de travailler sur vous. Un événement peut vous y conduire comme ce fut mon cas, et croyez-moi, c'est vraiment un cadeau des cieux !
Wayne W. Dyer disait :
« Avant l'illumination coupe du bois et porte de l'eau et après l'illumination coupe du bois et porte de l'eau. »

Avec de la volonté, de la patience, de la pratique et peut-être un peu d'aide, vous arriverez à transmuter vos énergies. Vous ne changerez peut-être pas vraiment aux yeux des autres, mais je peux vous garantir que vous aurez définitivement changé votre état d'être et que cette expérience vous libérera. En état d'éveil vous aimez tout de la vie et elle vous le rend à chaque instant. Du chant des oiseaux

jusqu'à la lumière scintillante d'un lac aux cygnes, en passant par votre famille et vos amis dont vous apprécierez toutes les facettes sans jugement, le voile de l'illusion qu'on appelle aussi le voile d'Isis, se lève pour vous révéler que vous ne faites qu'un avec le Grand Tout.
Miraculeux, n'est-ce pas ?

CHAPITRE 6

Paradigme et manifestation

Votre esprit crée sa réalité. En doutez-vous encore ?
Si la réponse est oui, il va falloir modifier votre paradigme. Qu'est-ce que le paradigme ? Nous avons tous des dogmes qui sont enracinés depuis notre plus plus jeune âge et qui n'ont fait que croître avec notre éducation et notre entourage. Le fait de les avoir entretenus toutes ces années les rend encore plus difficiles à identifier et à détrôner. La seule issue possible pour vous en défaire est de vous « reprogrammer ». En effet, nous pouvons nous déprogrammer et nous reprogrammer, c'est ainsi que notre représentation du monde, nommée paradigme, s'élève. L'avenir appartiendra d'ailleurs à ceux qui sauront se transformer puisque tout est en perpétuel mouvement et que tout s'accélère.

Comment ? Il vous faudra d'abord être ouvert à cette idée, l'accueillir et accepter de faire le travail pour y parvenir. Peut-être vous rappelez-vous ces petites phrases :

« Il faut travailler dur pour réussir, un sou est un sou, tu devrais penser à changer de travail parce que..., ne fais jamais confiance aux gens car blablabla... »

Le flot des idées reçues vous submerge tel un cauchemar qui vous immerge dans son effroyable réalité ! Et ce flot provient du paradigme. Une inépuisable source d'information enregistrée en boucle pour vous dicter vos comportements et le mode de pensée que vous devriez emprunter... et c'est bien là qu'il faut vous méfier... car tout ce que vous « devriez faire » à travers ce que vous avez appris des autres, n'est pas forcément valable pour vous et inhibe vos résultats. Il est donc important de vous fier à vos ressentis et à votre sixième sens, car ils vous aideront à discerner le vrai du faux, et vous orienteront vers ce qui vous convient bien.

Nous sommes tous interconnectés et reliés au Grand tout c'est la raison pour laquelle il est si important d'écouter votre intuition car elle est la seule à pouvoir vous mener au bon endroit au bon moment, alors que votre conditionnement vous dessert et vous empêche de manifester toutes les belles choses que la Source divine veut vous offrir. Ce conditionnement crée des blocages qui vous freinent, vous font douter et finissent par vous empêcher d'avoir accès à la vie dont vous rêvez et que vous méritez. Vous ne vous autorisez pas à vous projeter ou à dire « oui » car d'autres ont pris le soin de vous brider avant même que vous n'atteigniez vos cinq ans.

Triste réalité me direz-vous ? Pas tant que cela puisqu'il est possible de modifier votre paradigme en vous remettant en question afin de chasser vos fausses croyances. Vous allez devoir faire des choses que vous n'avez pas l'habitude de faire et vous allez devoir répéter des phrases tellement de fois que vous finirez par vous dire que vos enseignants n'étaient que les pionniers de la fameuse méthode Coué ! Mes chers amis, la création d'affirmations positives est la clef pour triompher du vieux paradigme. Rabâchez vos affirmations en y mettant de l'émotion. Rabâchez-les encore et encore, des milliers de fois s'il le faut... et il le faudra certainement !

Je vous recommande de les lire à haute voix et de vous enregistrer sur votre téléphone portable, c'est une méthode simple et efficace. Le fait de vous écouter permet à votre cerveau de mieux enregistrer ce que vous avez dit. Au départ, cet exercice me donnait l'impression d'être devenue folle ! Je finissais toujours par rire aux éclats en imaginant la réaction de mes amis s'ils me voyaient ainsi dans mon bureau ! Cependant, avec le recul, j'ai pu constater, qu'il était phénoménal. Il vous transforme en profondeur !

Pour la petite anecdote, je l'ai pratiqué avec ma fille afin de lui apprendre du vocabulaire en anglais et j'ai pu vérifier qu'en utilisant cette méthode, non seulement elle y prenait goût car le fait de s'enregistrer l'amusait, mais qui plus est, elle acquit ce vocabulaire plus rapidement que par la voie classique et me redemanda de lui donner des mots à mémoriser.

En conclusion, écoutez-vous le plus souvent possible, dans le bon sens du terme bien sûr !

Pour supprimer les croyances obsolètes, il vous faudra autant d'affirmations inverses aux idées qu'on vous a inculquées. Vous baignerez dans le monde de la patience, de l'autosuggestion, de la répétition et de l'illogique. Favorisez l'illogique à tout point de vue, c'est salvateur ! Lorsque vous faites des choses que vous n'avez pas l'habitude de faire, elles vous obligent à sortir de votre zone de confort et créent de nouvelles pensées et de nouveaux modes de fonctionnement. De nouveaux schémas en découlent, qui viendront progressivement se substituer aux anciens.

Quand vous ne vous accrocherez plus à ce qui est dépassé dans votre mode de vie actuel et que vous vous libérerez de vos dépendances et de vos attachements, vous octroierez de l'espace à la Conscience. Le conditionnement dont vous avez fait l'objet et sa jachère cérébrale disparaîtront pour laisser place à une terre fertile qui vous étonnera en permanence. Votre véritable potentiel fleurira et vous répandrez la lumière tout autour de vous. Chers amis, la récolte n'attend que vous !

Il m'a fallu du temps et j'ai dû mettre des exercices en pratique pour transformer mon paradigme ; comme j'adore écrire, j'ai d'abord rédigé un tas d'affirmations positives, puis de longs textes, et j'ai fini par pratiquer la visualisation créatrice quotidiennement. Il faut savoir que la main est une extansion du cœur et qu'en l'utilisant pour écrire, vous facilitez la communication avec l'Esprit.

Je vous invite donc à vous en servir autant que possible. Je tiens cela de ma remarquable enseignante spirituelle, Sonia Choquette, qui m'a définitivement convaincue d'utiliser tous mes dons et de faire confiance à mon sixième sens. Je lui dois beaucoup et j'aimerais vous faire comprendre à quel point il est important d'aller au delà de vos cinq sens et de vos vieilles certitudes.

Les fausses croyances poussent comme la mauvaise herbe et ce n'est qu'avec une volonté de fer que vous pourrez les déraciner les unes après les autres. Lorsque vous aurez fait ce travail, je vous garantis que vous aurez une vision claire et une détermination à toute épreuve !

L'esprit crée à chaque instant de votre vie. Vous pouvez manifester tout ce que vous imaginez ; encore faut-il que vous repoussiez les limites de vos convictions et de vos perceptions pour voir changer votre réalité et réussir à obtenir les résultats que vous escomptez.

Vous êtes une âme dotée d'un corps et non un corps qui renferme une âme, ce qui veut clairement dire qu'en rêvant votre vie lorsque vous êtes « éveillé », c'est-à-dire lorsque vous pensez en conscience dans le temple qu'est votre corps, vous faites apparaître vos projections (qui ne sont que des pensées imagées) dans cette dimension.

Nous sommes des rêveurs éveillés, créateurs d'une réalité qui est illusoire ; notre dimension matérielle n'est pas réelle en soi, mais tout nous pousse à croire le contraire. Je vous mets cependant en garde contre toute expérimentation douteuse car votre corps physique, lui, n'est pas immortel, contrairement à votre âme.

Prenez la ferme décision de vous questionner et retirez le casque de cosmonaute qu'on a vissé à votre combinaison terrestre. L'air n'est pas entièrement pollué, il ne l'a jamais été et vous n'avez jamais eu besoin de casque, en réalité ! Utilisez tous vos sens pour vous émerveiller du lieu magique où vous êtes né et sachez, au plus profond de votre cœur, que vous serez toujours accompagné, alors… respirez.

CHAPITRE 7

La confiance en soi

Je ne peux définitivement pas écrire ce guide sans aborder cette notion qui est toute aussi importante que la volonté, la concentration et l'intention. La confiance en soi est la condition *sine qua non* de votre réussite.

Comme le disait si bien Albert Einstein :

« Nous passons quinze ans à l'école et pas une fois on ne nous apprend la confiance en soi, la passion et l'amour qui sont les fondements de la vie. »

Alors, comment acquérir la confiance en soi ? Premièrement, avec votre entourage, car lorsque vous grandissez, si vos parents vous apprennent à vous respecter et à respecter les autres, vous aurez confiance en vous car vous saurez quelles sont vos limites. Si vous les connaissez, vous saurez quand vous recentrer et quand vous affirmer. Vous verrez que les deux modes alternent tout au long de votre vie. L'harmonie réside dans le fait d'en avoir parfaitement conscience.

S'ils vous laissent suffisamment de liberté pour vivre vos expériences et vous soutiennent dans vos choix, même s'ils ne sont pas toujours judicieux (à condition qu'ils ne soient pas téméraires), vous aurez confiance en vous. Vous vivrez des choses qui vous apprendront à mieux vous connaître et vous serez porté vers des réalisations qui vous correspondent, peu importe le temps que cela prendra. Vous saurez comment contourner les obstacles que vous rencontrerez sur votre chemin. Sachez qu'il n'y a pas de réussite sans échec. Les plus grands inventeurs ont échoué des milliers de fois avant d'atteindre leurs objectifs ; cependant, ils ont choisi de persévérer car l'espérance et la foi les accompagnaient. Un désir ardent les animait et ils se sont donné la permission d'essayer autant de fois que nécessaire pour triompher.

Les quatre « D » du succès sont : le Désir, la Décision, la Détermination et la Discipline. Pour les avoir mis en pratique, je peux vous certifier qu'ils fonctionnent, d'ailleurs, je ne suis pas la seule à le dire puisque tous les grands penseurs se rejoignent sur ce point. Thomas Edison a essuyé plus de dix mille échecs avant de réaliser son rêve d'ampoule électrique… Rappelez-vous que tous ceux qui ont réussi ont connu de nombreuses désillusions et des moments difficiles. Je vous suggère d'être prévenant en planifiant vos pertes financières pour tenter de les juguler durant la phase pratique de votre apprentissage. Vous apprenez chaque jour en faisant des erreurs, acceptez ce fait, soyez ingénieux et procédez par paliers pour mesurer vos résultats.

Abraham Lincoln disait ceci :
« Si vous voulez doubler votre taux de succès, vous devez doubler votre taux d'échec ! »

Vous êtes libre d'essayer tant que l'objectif vous fait vibrer ! Le bon sens vous servira à corriger les erreurs que vous commettrez invariablement tout au long du processus. Soyez courageux et travaillez sur vous ! Faites de vos handicaps un atout pour découvrir votre être véritable.

L'adversité et les problèmes font partie de la vie. Ils nous affermissent car nous nous dévoilons à travers nos réactions. Les gens puissants et confiants règlent leurs problèmes de la meilleure façon qui soit. Les revers de fortune nous permettent de voir de quelle étoffe nous sommes faits.

Il vous faut affronter le monde tel qu'il est et les gens tels qu'ils sont pour vous révéler ; enfin, rappelez-vous que toute situation est positive si vous la percevez comme une occasion de grandir.

Analysez vos forces et vos faiblesses et décidez d'exceller dans ce qui vous définit le plus. Posez-vous la question de savoir dans quel domaine vous êtes le plus performant ? Quels sont les activités, tâches, emplois qui vous plaisent le plus ? Questionnez des personnes de confiance en leur demandant quel pourrait être votre nouveau métier si vous deviez quitter votre poste. Soyez fort et résilient car vous êtes riche en ressources ! Investissez-vous dans un domaine qui vous plaît, où vous avez un bon potentiel et qui retient votre attention. L'argent suivra car vous serez aligné avec les lois universelles. Soyez intègre, écoutez votre cœur et vivez en accord avec vos valeurs !

L'amour inclut la liberté. Le véritable amour se trouve dans la complétude et consiste à se faire confiance et à faire confiance. Dans une relation de couple, l'autre est une partie de vous-même, vous n'avez pas à le retenir car lorsqu'on retient, on choisit la peur ; inversement, lorsqu'on donne, on choisit l'amour. Contraction et expansion proviennent d'un tout, mais engendrent deux réactions bien différentes.

Mon cher Docteur Dyer disait :

« L'amour est la capacité et la volonté de laisser ceux pour qui on a de l'affection être ce qu'ils choisissent d'être, sans exiger que leur comportement vous donne satisfaction. » Quelle sagesse !

En donnant des clefs à votre enfant, vous l'aiderez à savoir qui il est vraiment et son développement se fera intelligemment ; ainsi, vous placerez sa croissance sous les meilleurs auspices. J'ai mis un peu de temps à saisir cette citation de John Ruskin :
« L'éducation ne veut pas dire apprendre aux gens ce qu'ils ne savent pas ; cela veut dire leur apprendre à se comporter comme ils n'ont pas l'habitude de le faire. »

Apprendre à vous faire confiance, c'est apprendre à reconnaître vos mécanismes internes, à vous écouter et à vous diriger vers ce qui vous convient le mieux ; ainsi, vous vous comporterez de manière à profiter de vos dons. Pour cela, vous devez d'abord comprendre comment vous fonctionnez, car nous avons tous des qualités et des défauts et nous n'avons pas tous les mêmes besoins. En revanche, nous avons tous de l'énergie et nous pouvons choisir de la gaspiller ou de l'utiliser à bon escient. Vos ressentis ne vous tromperont jamais, mais votre mental peut le faire. Vos sens vous permettent de percevoir ce qui se trouve dans votre environnement proche ou plus lointain, à condition d'être bien aiguisés.

Plus vous établirez un lien conscient avec le Divin et plus vos sens seront alertes et capables de vous guider. Le corps est un outil magnifique, c'est un véritable récepteur qui émet des vibrations. L'état d'éveil vous permet de vivre en conscience et favorise la communication interne et externe. Vos intuitions sont décuplées. Vous êtes automatiquement dirigé vers les bonnes énergies et vous accueillez facilement les mauvaises, qui vous traversent et s'évaporent rapidement sans provoquer de dégâts. Vos dons s'accroissent et des synchronicités commencent à se mettre en place dans votre vie. Les signes qui les accompagnent deviennent plus faciles à percevoir et à interpréter. La confiance naît et votre guidance interne se développe !

En visualisant constamment la belle personne que vous êtes et en vous construisant une image de gagnant, vous vous épanouirez et vous deviendrez cet être magique que vous avez toujours été. Soignez-vous, de l'intérieur comme de l'extérieur, aimez-vous et aimez les scénarios qui jaillissent de votre imagination lorsque vous êtes aligné avec votre être intérieur. Vous verrez qu'ils prendront forme et que la confiance que vous vous accorderez ne fera que croître. Vos rêves deviendront réalité et vous pourrez apprendre aux autres à manifester les leurs, ce qui vous procurera un réel bien-être car le Divin ne cesse d'aimer, de donner et… de créer.

CHAPITRE 8

Expansion de conscience

Lorsque vous serez plus à l'aise avec différentes pratiques telles que la méditation et la relaxation, vous commencerez à sentir un réel changement à l'intérieur de vous. Apprendre à bien respirer grâce à des méthodes simples, vous permettra de rester ancré et affinera vos perceptions ; vous serez ainsi plus réceptif aux vibrations.

Asseyez-vous, relâchez vos épaules, posez les pieds par terre puis inspirez doucement par le nez. Vous sentirez votre ventre se gonfler lorsque l'air monte dans vos narines ; bloquez votre langue contre le palais, puis expirez doucement par la bouche. Faites cet exercice au moins quatre fois d'affilée et plusieurs fois par jour dès que vous sentez une petite baisse de régime. Je vous recommande aussi le yoga, dont les vertus sont nombreuses.

En travaillant sur vos chakras, sur vos mémoires, sur vos blocages et sur vos ressentis, vous parviendrez à modifier votre état de conscience. Si vous ajoutez à cela une alimentation saine, un sport régulier, l'écoute de musiques relaxantes et diverses, la lecture de bons livres sur le développement de soi et la pratique d'affirmations alliée à une volonté sans faille, vous constaterez que tout votre être se reprogrammera au fil du temps. Cela peut vous paraître énorme mais avec une bonne organisation, vos journées ne seront pas forcément plus longues ; au contraire, elles risquent même de vous sembler plus courtes et plus faciles car vous gagnerez du temps au fur et à mesure de votre progression. Il vous faudra plusieurs mois, quelquefois beaucoup plus pour vous transformer... mais le jeu n'en vaut-il pas la chandelle ? Bien sûr que si, me direz-vous !

Plus votre conscience devient vaste et plus vous créez rapidement les choses auxquelles vous pensez dans cette réalité. J'ai toujours été passionnée par la science-fiction et j'adore la saga *Star Wars*. Du jeune padawan au maître Jedi, il n'y a qu'un pas, et ce pas, c'est à vous de le faire. Personne ne peut le faire à votre place. Vous pouvez décider de tout changer à chaque instant de votre vie. L'Univers est illimité et regorge d'informations. Le temps est précieux et vous donne accès à la compréhension.

Vouloir c'est pouvoir, mais il faut déjà savoir avant de pouvoir ! Le temps vous permet de savoir qui vous êtes vraiment et vous donne les moyens de modifier vos objectifs en cours de route s'ils ne correspondent plus à vos attentes. Plus vous êtes présent en conscience et plus vous voyez la vraie réalité. Il n'y a pas une, mais plusieurs dimensions. Certains livres en parlent et vous pouvez trouver des articles et des vidéos sur le sujet ; pour cela il est essentiel de vous fier à votre guidance divine pour dénicher la véritable information, car les faussaires sont légion. L'Espace est vivant et intelligent, la science l'a reconnue, et nous aurons encore beaucoup de signes qui viendront confirmer ce qui est, et ce qui a toujours été : vous évoluez dans un monde complexe qui foisonne d'énergies...

Ici, la question est de savoir comment avoir accès aux autres plans pour y puiser votre vérité. La clef pour y accéder est bien sûr la méditation. La contemplation vous rapproche aussi du Divin, en voici la définition : « c'est une opération de l'âme qui offre un contact ineffable et inintelligible, antérieur à la pensée. » Elle ouvre les portes du bonheur, de la compassion et de l'amour. Elle n'a rien à voir avec le sommeil qui libère votre corps astral pour un certain temps, et lui permet de partir en exploration…

Lorsque vous dormez, vous voyagez dans l'astral et vous entrez en communication avec d'autres sphères. Vous pouvez aussi faire des projections astrales, mais c'est beaucoup plus rare.

Vous serez poussé à rentrer en communication avec le monde invisible, s'il vous arrive un événement particulier tel que l'expérience d'une relation karmique, la rencontre avec une âme sœur ou la reconnexion avec votre flamme jumelle. Toutes ces expériences sont destinées à raviver vos mémoires et à vous faire prendre conscience de qui vous êtes vraiment. La relation karmique ne durera probablement pas et sera sans doute la moins gratifiante, car elle est généralement assez nocive bien que certaines relations karmiques fassent exception à la règle ; la relation avec une âme sœur est souvent des plus agréables et favorise votre développement personnel. Celle avec votre flamme jumelle sera la plus enrichissante de toutes, si votre foi est indéfectible.

Les flammes jumelles étaient considérées comme un mythe urbain, mais nos sociétés ont pris conscience qu'il était dépassé depuis l'explosion du phénomène, qui n'a fait que s'amplifier après deux mille douze. Elles lèvent le voile sur les désirs axés sur l'ego. Ces relations vous mettent au défi en vous exhortant à devenir la meilleure version de vous-même, en réveillant des mémoires enfouies et en vous révélant des aspects stupéfiants de votre personnalité. Attention cependant à ne pas les confondre avec les relations toxiques (qui ne sont pas monnaie courante, je tiens à le préciser) : du pervers narcissique à votre jumeau, il y a un fossé qui peut malheureusement être comblé par la manipulation ! Vous ne serez pas toujours d'accord avec votre jumeau ou votre jumelle (ce ne serait pas drôle sinon !), mais l'amour profond que vous vous portez l'un et l'autre vous permettra de surmonter tous les obstacles. Votre moitié peut aussi se trouver sur d'autres plans ; c'est d'ailleurs ce qui arrive la plupart du temps…

Vous n'aurez pas tous la chance de vous réunir avec votre flamme jumelle, mais si c'est le cas, cela ne pourra se présenter qu'une seule fois au cours d'une vie, et jamais plus aucune autre relation ne sera la même. Cette relation sacrée vous ouvrira les portes d'une nouvelle ère, et, suivant votre évolution spirituelle, vous donnera les clefs pour fusionner avec le Grand Tout. La vocation ultime des flammes jumelles est d'incarner l'amour inconditionnel et d'aider l'ascension terrestre en éveillant d'abord les consciences grâce à l'énergie qu'elles dégagent.

Plus vous irez loin dans vos explorations physiques et éthériques, plus vous sortirez de l'illusion et plus votre potentiel grandira, ce qui aura pour effet d'accroître vos capacités. Certaines thérapies ou même l'hypnose peuvent vous aider à dépasser vos schémas dysfonctionnels et à trouver les moyens de vous guérir si vous en ressentez le besoin. Élargissez votre esprit et vous créerez la nouvelle Terre que nous souhaitons tous.

Chapitre 9

Le monde visible et invisible

Dans le monde visible tout semble arriver lentement et le poids d'une vie n'est pas à la hauteur de sa densité. Il est donc souhaitable de vous défaire de tout ce qui draine votre énergie et abaisse vos vibrations. La densité vous contraint à vivre de telle manière que les efforts que vous fournissez semblent parfois considérables au regard du résultat obtenu. En effet, si vous créez de l'extérieur vers l'intérieur de votre être, ils ne seront pas récompensés car vous dépenserez de l'énergie inutilement.

Pourquoi ? La raison est simple et complexe à la fois... Lorsque vous créez à partir de votre intérieur, pour imaginer et ressentir ce que vous souhaitez manifester, vous envoyez de l'information au Divin qui vous renvoie, sous forme d'énergie et de circonstances, comme nous l'avons abordé dans le chapitre 3, les moyens d'atteindre votre but. Si vous n'avez pas connaissance de votre valeur intérieure, vous êtes pauvre car vous n'utilisez pas votre plein potentiel.

Les célébrités de ce monde se sont servies et se servent encore de ce pouvoir qui sommeille en chacun de nous pour conduire de grandes réalisations. En agissant de même, toutes vos actions refléteront l'énergie créatrice du Divin. Les choses seront plus fluides, vous serez en accord avec les lois naturelles et votre être authentique, sans perdre

votre objectif de vue. Earl Nightingale disait qu' « une personne a du succès si elle sait où elle est, si elle sait où elle va et si elle se dirige progressivement dans cette direction. »
Si vous maintenez le cap, peu importe le temps et les circonstances, vous triompherez !

La densité terrestre est lourde et fatigue beaucoup les personnes hypersensibles. Pour vous syntoniser avec la planète, il est important de vous ancrer. La Terre nous offre de merveilleux paysages, de plus, c'est une source d'énergie extraordinaire. Quand vous décidez de bouger et d'aller vous promener dans la nature, vous bénéficiez de son flux énergétique qui vous porte et qui vous apporte un bien-être considérable. *Idem* si vous faites du jardin ou toute activité qui vous permet de profiter de ses bienfaits. Le *running* est un excellent moyen de vous ancrer si vous courez dehors ; je le pratique depuis plusieurs années car il me revitalise et m'offre la possibilité de contempler la beauté de ma région natale.

Notre Terre est vivante et sa fréquence augmente : on l'appelle résonance de Schumann. Plus elle augmente et plus vous serez à même de percevoir ce qui ne pouvait l'être auparavant. Le monde invisible se rapproche donc de nous à grands pas, alors n'ayez crainte, si ce n'est pas vous qui le trouvez, c'est lui qui vous trouvera !

La polarité yin est l'énergie féminine qui vous raccorde à vos facultés psychiques que sont la perception, l'intuition et l'imagination (qui sont liées aux sentiments). Je classe l'imagination dans cette catégorie, car de mon point de vue, elle consiste à canaliser des données provenant du champ de tous les possibles, puis à les modéliser de l'intérieur pour pouvoir les concevoir à l'extérieur (dans la réalité physique).

En imaginant, nous créons donc le futur, toutefois, et j'y reviendrai dans le chapitre suivant, vous pouvez seulement imaginer ce que la conscience unique a créé au commencement de tout ce qui est... Autrement dit, vous allez puiser des informations dans son réservoir, pour les imager.

La polarité yang est l'énergie masculine qui vous raccorde à vos facultés mentales que sont la volonté, la raison et la mémoire (qui sont liées aux concrétisations). Le yin et le yang vous servent à être, à faire et à avoir. Nos cinq sens, et bien sûr le sixième pour celui qui l'a développé, nous servent à expérimenter et à ressentir. Beaucoup d'individus conçoivent leur vie sur la base de « faire et avoir » en se privant de leurs plus belles facultés yin car nous vivons dans un monde majoritairement yang ou la raison domine...

Être, faire et avoir : c'est dans cet ordre que je vous recommande de procéder et non l'inverse. La pensée nous sert à créer et à obtenir ce qu'elle génère comme sentiment en sachant que nous sommes aux commandes. Il est donc fondamental de débrancher le pilote automatique, car toute pensée qui suscite une émotion, se manifeste. En atteignant la maîtrise de vos pensées et de vos émotions, ainsi qu'en vous servant de votre imagination, de votre intuition et de vos perceptions, vous jouissez intégralement de votre potentiel créateur sans pâtir des divagations du mental inférieur !

Le yin et le yang vont de pair. Ils sont comme la contraction et l'expansion. Lorsque vous les équilibrez, vous êtes dans le tao. Vous conserverez toujours votre part féminine ou masculine, c'est le genre qui vous a été attribué en naissant, mais vous aurez redéfini le programme pour mieux donner et recevoir, pour mieux agir et réagir, pour mieux aimer et être aimé… et vous tirerez pleinement parti de vos atouts.

Le monde visible est en perpétuelle expansion. Isaac Newton nous a prouvé que pour chaque action, il existe une réaction égale et opposée. D'après la thèse de certains éminents chercheurs, je pense en particulier à celle de Nassim Haramein à laquelle j'adhère complètement et dont je vous restitue les notes que j'ai prises lors d'une conférence : « l'Espace se diviserait à l'infini, il serait donc en constante contraction. Si nous tentons de nous figurer l'infini en pensant en termes de quantification physique, c'est-à-dire en subdivisant l'Espace à l'infini grâce à une dynamique de division, nous générons une singularité dont la description ressemble fortement à celle d'une fractale ! L'Univers est en expansion, et l'Univers et l'Espace cohabitent pour créer une réalité qui est issue de la rétroalimentation entre l'expansion et la contraction. »

Tous deux sont infinis ; il est donc plus que probable que l'infiniment petit et l'infiniment grand se rejoignent en tout point…

« Comme ci-dessus, ci-dessous ! » disaient les Égyptiens.

Les mêmes lois fondamentales régissent l'infiniment petit et l'infiniment grand. Prenez cinq minutes pour y réfléchir…

Je poursuis la retranscription de mes notes sur la thèse de Nassim Haramein qui nous démontre que « nous croyons que l'Espace est vide mais nous savons qu'il ne peut l'être puisqu'il n'y a pas d'énergie perdue dans l'Univers, donc, on peut supposer que toute forme d'énergie contenue dans l'Univers, telle que celle du soleil, des planètes etc., irradie dans le vide, c'est-à-dire dans l'Espace. L'énergie du vide est donc une des plus grandes forces qui soient puisqu'elle contient entre autres les ondes, les radiations, les infrarouges et les champs électromagnétiques. Elle est également bourrée d'informations ! Tout est donc majoritairement de l'Espace et c'est lui qui connecte toutes les choses entre elles. Sachant qu'un atome est constitué à 99,99999 % d'Espace, nous pouvons donc conclure que chacune de nos cellules détient un potentiel infini et possède une connectivité infinie avec toutes les autres. »

Vous êtes plein d'énergie mais vous n'êtes pas vide ; vos cellules tiennent grâce à l'Espace qui se trouve entre chacune d'elles. Cet Espace est dense et parfaitement bien équilibré, ce qui explique que nous ne puissions pas le percevoir avec nos cinq sens car nous baignons constamment dedans tel un poisson dans l'eau. Il est intelligent, malléable et obéit à des lois qui permettent à votre structure d'évoluer, et devinez quoi ? Vous commandez cet Espace avec vos pensées.

CHAPITRE 10

Régénération

Vous pouvez donc restructurer votre ADN en sachant que vos cellules se régénèrent dans le temps. Il n'est pas prouvé que cela se fasse exactement tous les sept ans, d'après mes sources. Voyez-vous où je veux en venir ?
Vous avez une influence majeure sur vos cellules, qui réagissent à vos pensées !

Bob Proctor, que j'apprécie beaucoup et qui est une éminente personnalité dans le secteur du développement personnel, nous expose que « les généticiens ont indiqué que nous avons tous des centaines de défauts dans notre ADN physique (biologique), en revanche, une perfection sans faille se trouve enfouie sous tous nos codes vérolés et sous la programmation mentale ridicule dont nous avons hérité des générations passées. Si nous allons au-delà de notre programmation génétique, notre programmation spirituelle est parfaite : votre ADN spirituel est parfait ! Il est illimité, sans défaut, immuable et ne nécessite aucune modification ou amélioration. Il est tout-puissant. »

Nous sommes ici pour assister notre divinité. Connectez-vous à elle car cette perfection cherche l'expression avec et à travers vous. C'est le vrai « vous », et elle seule peut magnifier votre vie dans tous les domaines.

Louise Hay disait qu'elle avait mis un certain temps à comprendre cette maxime : « nés tous égaux. »

Nous sommes constitués à l'identique et les pensées nous affectent tous de la même façon. Lorsque nous envoyons des pensées et paroles positives à notre cerveau, il crée des « neuropeptides » qui renforcent notre système immunitaire. Les pensées influencent donc notre corps et notre expérience de la vie, alors quoi que vous fassiez, ne considérez jamais que les autres fonctionnent différemment de vous.

Savez-vous pourquoi le monde est en train de se transformer ? Parce que de plus en plus de gens prennent conscience que nous sommes des êtres spirituels et que l'Esprit agit conformément aux lois.

Que nous enseignent-elles ? Que tout est là, dans le silence... En effet, tout se trouve dans l'Espace qui nous entoure, car la création est complète, c'est ce qu'attestent d'anciens textes se trouvant dans le *Srīmad Bhāgavatam* composé entre le VIIIe et Xe siècle. Il n'y a rien que vous puissiez imaginer qui n'a pas déjà été créé, sinon il vous serait impossible de vous projeter. Si vous pouvez vous visualiser dans une situation particulière, c'est qu'elle se trouve déjà dans ce lieu où le temps et les formes n'existent pas.

Rendez-vous compte ! Peu importe ce qui embrase votre cœur, vous savez maintenant que si vous êtes capable de l'imaginer, vous pouvez le créer puisque le champ de tous les possibles le contient. Il ne tient qu'à vous d'aller explorer cette sphère en utilisant la pensée créatrice, aussi nommée imagination, qui nous permet de tout métamorphoser !

« La création du monde n'a pas eu lieu au début, elle a lieu tous les jours. » Marcel Proust

La physique quantique a confirmé que tout ce qui a la plus petite chance de se réaliser existe dans le moment présent, c'est-à-dire maintenant. Pour voir ce que vous avez été puiser dans le monde sans forme, se manifester dans le monde des formes, il est nécessaire de vibrer positivement et de ressentir que cette chose est vraie en vénérant votre croyance afin de vous syntoniser avec l'énergie de l'objet de votre désir. La foi vous apportera ce dont vous aviez vraiment envie car l'Univers pourvoit toujours à vos demandes, pour peu qu'elles soient en accord avec les lois naturelles. Vous matérialiserez vos rêves en greffant la vibration d'amour à tous vos désirs, alors choisissez ce que vous aimez !

« Votre cœur connaît le chemin, courez dans cette direction. » Rumi

Jouez avec votre imagination comme un bambin et tout ce qui vous amuse prendra forme comme par magie ! Le bien-être que cela vous procurera augmentera vos vibrations qui vous rendront plus magnétique ; c'est ainsi que nos chérubins obtiennent toujours ce qui les remplit de joie. En vous divertissant, vous attirez tout ce qui fait chanter votre âme, c'est la raison pour laquelle je vous invite à cajoler votre enfant intérieur et à le laisser s'exprimer aussi souvent que possible, car il créera ce qu'il convoite en un temps record et d'une manière qui vous épatera !

« Chaque enfant est un artiste. Le problème, c'est de rester un artiste lorsqu'on grandit. » Pablo Picasso

CHAPITRE 11

La loi d'attraction

Il a été dit beaucoup de choses sur la loi d'attraction. D'après mon expérience, ce qu'il faut principalement en retenir, c'est que vous attirez ce que vous vibrez.

Il existe plusieurs processus qui permettent de recevoir ce que vous souhaitez au plus profond de votre cœur. La première chose à faire lorsque vous voulez attirer l'objet de vos désirs est de le ressentir dans tout votre être. Il est donc important d'exploiter tous vos sens et toutes vos facultés, car c'est grâce à eux que vous pourrez créer les forces nécessaires à la construction de votre œuvre tout comme un peintre utilise une toile, des pinceaux et une palette de couleurs pour concevoir son tableau. Il faut vous servir de votre imagination pour envoyer des pensées harmonieuses à l'Univers ; pour ce faire, vous devez d'abord être en parfait accord avec ce que vous souhaitez être ou avoir.

Dans un premier temps, il vous faut déterminer ce qui vous excite, ce qui vous enthousiasme et ce qui vous passionne ! Il est primordial de vous fixer un objectif en lien avec vos motivations réelles. Il vous conduira vers l'élaboration de plans et donnera un sens aux choses que vous souhaitez matérialiser. L'Univers vous apporte ce qui vous correspond, donc, si vous n'avez pas toujours ce que vous voulez, cherchez-en la cause. Il se peut que vous ne soyez pas prêt ou que ce que vous demandez ne concorde pas avec vos désirs profonds. Quelles sont les choses qui vous amusent, que vous trouvez belles et que vous estimez importantes pour vous réaliser ?

Posez-vous ces questions, faites une liste et tentez de répondre de la manière la plus simple et la plus authentique qui soit. Il faudra peut-être dépasser de vieux schémas et laisser derrière vous des idées obsolètes pour remodeler votre personnalité. Si vous n'arrivez pas à attirer ce que vous souhaitez, il y a de fortes chances pour que votre paradigme soit en décalage avec vos vœux. Les croyances limitantes et le manque de confiance vous empêchent de manifester tout ce que vous espérez. Préférez de longs exercices d'affirmation, de visualisation, et faites travailler votre imagination en lisant de beaux ouvrages et en vous cultivant pour vous détacher peu à peu de tout ce qui vous freine, plutôt que d'appliquer immédiatement la loi d'attraction sans avoir, au préalable, préparé le terrain. Les frustrations n'en seront que moins sévères et vous verrez grandir votre bien-être au fur et à mesure que vous vous instruirez et que vous exercerez la création de l'intérieur vers l'extérieur de votre personne. La pratique vous apporte la connaissance positive qui renforce votre foi et qui fait de vous un être d'expertise. Pratiquez la méditation, l'autosuggestion, la projection visuelle, la prière du cœur et réveillez votre sixième sens !

J'aborderai la prière du cœur plus bas, mais avant cela, j'aimerais vous suggérer une chose concernant votre développement spirituel et les capacités que vous avez à suivre votre intuition, à communiquer avec vos guides, et à canaliser de l'information. Je recommande à ceux qui veulent en faire un métier ou qui sont vivement intéressés par ces sujets, de consolider leurs bases auprès d'un enseignant spirituel intègre qui saura dévoiler leur fabuleux potentiel. De plus, il est important d'apprendre à protéger sa lumière. Il est nécessaire d'être vigilant en ce qui concerne le plan énergétique, car chaque personne est différente et nous n'avons pas tous la même sensibilité ni les mêmes perceptions. Acceptez l'idée que toute chose doit se faire dans le respect des règles et qu'il est nécessaire d'approfondir votre savoir pour bénéficier de certaines connaissances. Soyez humble et ne considérez pas que vous avez la science infuse sous peine de provoquer des dégâts importants dans votre environnement.

L'insouciance, la vanité et le narcissisme ne mènent jamais très loin... Ceci étant dit, vous travaillez avec vos guides depuis votre plus tendre enfance, mais vous n'avez peut-être pas vraiment réalisé qu'ils vous assistaient et que vous pouviez renforcer les liens qui vous unissent en stimulant votre sixième sens... Il est toujours intéressant de se pencher sur la question. C'est un sujet qui vous donne accès à de multiples compréhensions et qui transforme complètement votre paradigme.

Mettez en place tout ce qui vise à vous faire avancer positivement sur votre chemin de la façon qui vous convient et soyez reconnaissant pour tout ce que vous avez déjà ; vous multiplierez ainsi toutes les bonnes choses qui entrent dans votre vie. Cherchez et vous trouverez des méthodes qui vous donneront entièrement satisfaction. Votre guidance naturelle vous portera vers celles qui sont en résonnance avec votre âme.

Lorsque vous sentirez que votre corps réagit de mieux en mieux à vos pensées, à vos idées et à vos envies, vous pourrez alors passer à la phase numéro deux.

En fusionnant avec la vie, vous reconnaîtrez d'abord

qu'elle ne désire que vous servir. Lorsque vous aurez fait ce constat, vous pourrez commencer à manifester les choses qui vous tiennent à cœur. L'Univers ne fait pas la différence entre la réalité du monde visible et ce que vous imaginez de la manière la plus réelle qui soit, dans le monde invisible. Pourquoi donc ? Parce que tout est énergie et que chaque énergie à sa propre fréquence dans l'Univers. Vous pouvez choisir de vibrer sur la fréquence qui vous intéresse en accordant vos pensées à vos croyances pour vibrer l'harmonie.

« Si vous voulez trouver les secrets de l'Univers, pensez en termes d'énergie, de fréquence, d'information et de vibration. » Nikola Tesla

Si vous êtes aligné avec le Divin, vous aurez donc accès au grand pouvoir de la manifestation consciente, soit à la création de choses positives qui embelliront votre vie et non l'inverse. Lorsque votre esprit n'est pas éveillé, vous ne faites que réagir aux choses qui vous arrivent quotidiennement : vous n'êtes donc pas le créateur de votre vie, vous la subissez.

Je vous conseille de relire le contenu de ce livre plusieurs fois et de laisser infuser tout ce que j'ai synthétisé afin d'en simplifier l'approche. Au fil du temps, je parie que vous redécouvrirez certains passages et qu'ils vous interpelleront !

Lorsque vous avez un esprit sain dans un corps sain, vous aspirez à donner le meilleur de vous-même car vous vous aimez et vous aimez les autres sans les juger. Il est important de comprendre ce long processus car beaucoup ont tenté d'exécuter la loi d'attraction sans succès ; pourtant, même un enfant peut s'en servir et je dirai même plus, les enfants s'en servent mieux que les adultes car leurs cerveaux sont moins pollués !

Pour vous aligner avec les vibrations et les fréquences énergétiques du multivers, c'est-à-dire à l'ensemble des univers possibles, la meilleure chose à faire est de reconnaître qu'elles existent et de concentrer tous vos efforts à les identifier et à les ressentir. Faites-vous plaisir !

Imaginez votre avenir en imitant les personnes que vous estimez et en visualisant des objets à l'aide d'un tableau de visualisation contenant des photos, des articles, des mots, des citations, des livres, des dessins et des choses qui vous inspirent. Vous pouvez le créer sur une grande feuille blanche ou avec un logiciel tel que Word ou Photoshop. Jouez avec plaisir et regardez-le souvent !

Faites comme si… Pour être un bon comédien, il ne suffit pas de réciter son texte par cœur, il faut se mettre dans la peau du personnage. Faites-le et voyez les résultats surprenants qui entreront progressivement dans votre vie ! Commencer par la fin du film est une bonne méthode pour arriver à le réaliser. Dites-vous toujours que tout finira parfaitement bien en éloignant les gens négatifs susceptibles d'entraver votre tournage !

Fréquentez des gens positifs et doués qui vous porteront plutôt que l'inverse. Entourez-vous d'experts si vous avez de grands projets, et prenez exemple sur ceux qui ont réussi dans le domaine qui vous intéresse.

Si vous avez des aptitudes en radiesthésie et que vous êtes médium, n'hésitez pas à les utiliser en vous projetant au maximum à l'aide de questions et en vous servant de votre canal pour établir des connexions. Nous sommes ici pour exploiter notre potentiel à cent pour cent. Chaque don est précieux car il provient du Divin, qui ne désire que servir à travers vous. Faites travailler tous vos sens et allez voir ce que vous désirez : touchez, sentez, écoutez et observez. La mémoire de ce que vous avez expérimenté vous permettra de vous syntoniser avec l'énergie vibratoire de ces éléments. Vous ferez travailler votre subconscient qui pourra extraire, grâce à de puissants filtres, tout ce que vous avez emmagasiné !

La visualisation créatrice est une des clefs de la manifestation. Plus vous pouvez visualiser, de manière constante, ce que vous voulez, et plus l'Univers comprendra rapidement ce que vous attendez. Si vous changez souvent d'avis, il ne saura pas vous répondre convenablement, tout comme si vous jalousez les autres pour ce qu'ils possèdent. En bénissant ce qui vous attire chez l'autre, vous bénissez ce que l'Univers vous apportera. En choisissant d'éprouver des sentiments négatifs quand la vie vous présente quelqu'un ou quelquechose, vous les repoussez de votre existence. Vos pensées sont des informations que vous envoyez à chaque instant dans l'Univers.

Je ne reviendrai pas sur ce que j'ai expliqué dans les chapitres précédents, mais je vous fais partager un code éthique amérindien que j'aime particulièrement :

« Ne parle jamais des autres en mal. L'énergie que tu déverses dans l'Univers se multipliera et te reviendra. Tout le monde fait des erreurs… et toutes les erreurs peuvent être pardonnées. Les mauvaises pensées causent la maladie de l'esprit, du corps et de l'âme. » Auteur amérindien

La visualisation créatrice est l'art de projeter les pensées qui résident dans le champ de tous les possibles. Pour y parvenir vous devez d'abord vous relaxer et vous sentir bien. Isolez-vous du bruit ou de toutes formes de divertissements. Le téléphone portable, les tablettes, etc. sont des sources de distractions qui détournent votre attention car ces objets contiennent des programmes finement étudiés pour l'accaparer. Ils piègent vos pensées si vous ne savez pas vous en détacher, et vous rendent dépendant, de ce qui (et donc de ceux qui) les alimentent. Dans l'avenir, il est fort probable qu'il s'agira plutôt d'apprendre à se déconnecter de ce genre d'objets plutôt que l'inverse... Les utiliser avec parcimonie est la meilleure chose à faire si vous souhaitez décupler vos perceptions extrasensorielles.

Pour reprendre votre pouvoir créateur, il est primordiale d'alimenter votre esprit avec ce qui fait battre votre cœur et vous ne pouvez le trouver qu'en vous recentrant. L'introspection est la clef qui ouvre les portes de votre temple intérieur et de votre espace sacré : tout réside dans cet espace. Il faut aller y puiser votre vérité pour créer votre devenir.

Pour entamer une visualisation créatrice, il est essentiel de vous plonger dans le silence de la Conscience qui se trouve dans le moment présent. J'aime être debout pour pratiquer cet art, néanmoins, vous pouvez être assis ou allongé : la seule règle étant d'être détendu et concentré.

Fermez vos yeux et respirez profondément pendant quelques instants, puis commencez à visualiser le symbole de l'infini (∞), imaginez ensuite qu'une petite lumière blanche le parcourt en suivant son tracé de gauche à droite et de haut en bas, un peu comme si elle l'esquissait. Préparez vous à rêver en focalisant votre attention sur votre troisième oeil qui se trouve au milieu de votre front, un peu plus haut que vos yeux. Il est au centre de l'imagination et vous relie au champ de tous les possibles. C'est lui qui vous permet de voir ce qui peut arriver dans l'avenir si vous avez des dons de clairvoyance, et c'est grâce à l'imagination que ces informations vous parviennent.

Commencez maintenant à imaginer votre future réalité en étant toujours animé de bonnes intentions. Comment vous voyez-vous ? Que souhaitez-vous ? Avec qui êtes-vous et quelles sont les situations que vous désirez expérimenter ? Faites comme si vous étiez en train de visualiser le film de votre vie... où du moins, une partie. Ne vous éparpillez pas et concentrez-vous sur ce qui vous interpelle. Créez des images qui vous donnent du plaisir et qui excitent vos sens. Il n'y a pas de limite à vos créations. Laissez-vous aller au rêve et à l'extase. Plus les images que vous développez sont positives et joyeuses, plus vos créations vibrent à l'infini... Soyez exalté lorsque les images que vous concevez ou que vous recevez inconsciemment, vous transportent. Elles finiront par se manifester car vous les modélisez dans l'espace sacré où tout est imbriqué. La vraie réalité se trouve dans votre sanctuaire et s'étend à l'infini...

Vous pouvez utiliser la projection visuelle pour créer votre vie en toute simplicité, mais pas que ça... Elle vous permet aussi de vous protéger grâce à certaines techniques, et de concevoir tout ce que vous souhaitez, qu'il s'agisse d'objets, de théories etc. Elle peut s'apparenter à la méditation cependant elle vous demande d'utiliser une faculté supplémentaire : l'imagination. La méditation stimule vos connexions, élève vos vibrations, clarifie votre vision interne et permet d'invoquer des énergies qui viendront soutenir votre quotidien.

La prière du cœur ressemble à la projection visuelle en englobant encore plus d'éléments puisqu'elle fait appel à l'imagination, à l'émotion, à la foi, à l'espérance et à la gratitude. Pour obtenir des résultats, il est nécessaire d'avoir clairement identifier vos désirs et d'être prêt à vous engager

dans l'action. La prière du cœur ne nécessite aucune technique en soi mais elle requiert de grandes qualités... Vous pouvez créer un rituel qui vous permette d'imaginer que les visions qui se trouvent au tréfonds de votre âme, vont se matérialiser. Pour ma part, j'utilise le souffle comme moteur : j'inspire profondément pour aller chercher mon vœu dans le monde invisible, puis j'expire profondément afin de le faire passer dans le monde visible.
Vous pouvez ajouter un mot lorsque vous inspirez et que vous expirez, ce sera votre « code » pour communiquer avec la matrice universelle.

Sachez que vous pouvez transformer vos pensées en leur équivalent physique pour peu qu'elles soient alignées à votre « Moi supérieur » d'où les bases du programme que je développe dans ce livre afin d'y parvenir. Vous pouvez décider de les approfondir pour évoluer à un plus haut degré de conscience. Je vous y encourage si vous êtes motivé, et pour ceux qui ne le sont pas, ces bases suffisent à enrichir votre quotidien si vous les appliquez correctement.

Prenez une grande inspiration, puis commencez par visualiser ce que vous souhaitez à l'aide d'images et de sons, tout en y greffant de l'émotion. Ressentez, dans le moment présent, ce que vos pensées font naître en vous et à travers vous. Pensez, par exemple, à vous entendre dire à un ami que vous avez trouvé le poste de vos rêves. Visualisez vous ensuite en train d'effectuer votre travail en ajoutant des détails qui permettent de rendre cette situation réelle et agréable, puis, imaginez-vous heureux d'accomplir vos tâches en sachant que votre rémunération vous procure de la fierté et de la joie. C'est une bonne façon de communiquer à l'Univers ce qui fait chanter votre âme. Pour finir, expirez profondément et remerciez toujours l'Univers pour ce qu'il vous donne en utilisant le présent, ex : « Merci cher Univers, pour ce merveilleux travail ! » Bien entendu, vous pouvez substituer l'Univers à Dieu, au Divin, à la Source etc. En fait, peu importe comment vous l'appelez tant que ce nom n'est pas trop compliqué à prononcer sinon le mental pourrait interférer avec vos pensées et bloquer l'information.

Sentez à quel point ce que vous désirez est déjà là, vibrez l'amour et l'Univers vous apportera les moyens d'atteindre vos objectifs. Peu importe ce qui vous enthousiasme, l'important est d'aligner vos intentions et vos vibrations. Si votre taux vibratoire est bas ou que vos intentions ne sont pas claires, vous n'obtiendrez pas ce que vous voulez car vous attirez toujours ce que vous vibrez. Choisir l'élévation spirituelle équivaut à choisir de vibrer à l'infini...

Vous retrouverez une méthode synthétique pour utiliser la loi d'attraction, similaire à la prière du cœur, à la page 134. Pratiquez autant que possible la projection visuelle, arrêtez de vous auto-saboter et pensez à ce que vous aimez, en priorité. C'est le vœu que je fais pour vous car c'est une belle façon de vivre. Plus vous utiliserez votre imagination à bon escient, plus elle répondra à vos attentes. Elle vous servira, sur un plateau, tout ce dont vous avez rêvé car c'est le langage de l'âme et c'est elle qui nous relie à l'Univers.

« L'imagination est beaucoup plus importante que l'intelligence. » Albert Einstein

CHAPITRE 12

Savoir pardonner

Pour imaginer de la meilleure façon qu'il soit, vous devez apprendre à pardonner et à accueillir vos parts d'ombre afin de vous libérer. En effet, si votre esprit n'est pas en paix et s'il n'a pas éliminé les toxines qui l'empêchent de fonctionner, il y a de fortes chances qu'il tourne en boucle et qu'il vous bride en vous envoyant des sensations désagréables ponctuées par de violentes émotions telles que la tristesse, la jalousie, la colère... Les attachements et les dépendances mènent souvent à des états extrêmement nocifs pour la création. Chacun de nous expérimente des malheurs et des bonheurs, des peines et des joies... ainsi va la vie. Nous sommes ici pour acquérir la sagesse et cela ne se fait pas sans mal !

La liberté, la croissance et la joie ne peuvent exister sans leur contraire, et nous ne pourrions pas les savourer sans avoir connu leur polarité inverse. On s'en passerait bien, me direz-vous ! Et je souris en écrivant ces quelques lignes, car je sais que vous y avez songé. Oui, bien sûr, mais vous êtes venu expérimenter le monde de la dualité, ne l'oubliez pas.

Imaginez une règle, comme celle que vous aviez à l'école par exemple. Tenez-la verticalement devant vous, puis déterminez l'axe positif en haut et l'axe négatif en bas. Observez l'écart entre les deux. Vous pouvez remarquer que la règle ainsi tenue, vous amène vers une progression croissante que nous pouvons nommer « ascension ». Nous pensons souvent, à tort, que la vie est linéaire et que nous évoluons dans ce sens, mais il n'en est rien. La vie va croissante et vous élève à chaque instant. Elle vous porte comme un enfant !

Observez un bébé : il est d'abord allongé, puis il grandit et commence à se redresser avec le temps. Le bébé tombe souvent et se relève ; il apprend ainsi à tenir en équilibre. Lorsqu'il a compris comment utiliser ses jambes, il découvre qu'il peut bouger et va automatiquement élargir son champ d'action. Il grandit, petit à petit, et apprend à se servir de tous ses membres, de toutes ses facultés et de tous ses sens. Il est en perpétuel apprentissage ce qui l'oblige à s'adapter.

L'enfant accueille les échecs comme les succès et ne peut qu'aller de l'avant librement en s'enrichissant de nouvelles expériences qui feront de lui, s'il est intelligent, un être fort, compatissant, épanoui et serein. Il ne pourrait pas devenir épanoui et serein s'il n'avait pas essuyé de revers. Nous sommes ici pour découvrir cette dimension et pour découvrir, il faut tester ; sans cela vous ne pouvez pas évoluer ni être évalué, car vous n'êtes pas ici par hasard… Vous êtes important ! L'Univers et les êtres qui le peuplent vous veulent du bien ; ils vous savent capable ! Prouvez-leur qu'ils ont raison et vous serez couvert de bénédictions.

Je vais prendre un autre exemple pour vous aider à comprendre pourquoi nous souffrons et pourquoi il faut apprendre à pardonner.

Le nourrisson est dépendant de sa mère. Pour acquérir des vertus, il va devoir s'émanciper et comprendre de quoi est fait ce monde. Sans cette compréhension, il ne pourrait croître et sans croissance, personne ne vit… La vie est en perpétuel mouvement. Les pleins remplissent les vides, les larmes font place aux rires, le soleil brille après la pluie...

Les cycles se suivent et tel un pendule qui oscille de bas en haut et de haut en bas, tout va et vient pour le meilleur si vous avez appris à vous maîtriser, car vous aurez un impact sur cette oscillation ! Vous limiterez les phases de vide et remplirez vos journées à vous satisfaire du plein futur. Le manque fera place à l'abondance ; qui plus est, en ne pensant qu'à elle, plus rien ne pourra vous toucher. Vos attachements, ceux de l'ego, seront réduits au néant et vous serez comblé par tout ce qui est maintenant, sans vous soucier du lendemain puisque vous le créerez en permanence. Vous avez le contrôle, vous l'avez toujours eu, seule la mémoire vous a fait défaut…

Indubitablement, avant d'en arriver à cette prise de conscience, nous aurons forcément été blessé par quelqu'un un jour ou l'autre, car nous ne pouvons pas contrôler ce que les autres disent ou font. Oui, cela fait mal, et oui, il est difficile de pardonner quelquefois ! Sachez que pardonner ne veut pas dire oublier et ne veut pas dire non plus que l'on doive facilement accepter ce que nous a fait subir l'autre.

Il n'y a ni gagnant, ni perdant lorsqu'on utilise le pardon. C'est simplement la meilleure façon d'évacuer les émotions et pensées négatives qui peuvent entraver notre évolution. En d'autres termes, cela veut dire que nous nous délestons du poids des toxines nuisibles pour retrouver la joie de vivre et croquer la vie à pleines dents !

Imaginez-vous en train de détacher les amarres de votre montgolfière qui, grâce au pardon, s'envole vers de nouveaux horizons...

Pardonner assainit votre corps, votre esprit et votre âme. Il est donc essentiel de vous pardonner pour vos erreurs et de savoir pardonner à autrui. De plus, lorsque vous pardonnez à l'autre, vous vous pardonnez, car il n'y a jamais eu que vous dans votre esprit. La loi du « vous » inclut que tout ce que vous donnez aux autres vous revient. Offrez-leur le pardon car leurs mauvais actes dénotent d'un manque de conscience. Ils vivent encore dans l'illusion ; la triste vérité, c'est qu'elle les afflige plus qu'elle ne vous porte préjudice. Je sais que c'est difficile quelquefois, mais vous pouvez y arriver. Essayez, vous verrez… Pardonnez, libérez et avancez !

Vos parts d'ombre sont, elles aussi, sources de discordes. Vous ne pouvez y échapper, chacun de nous possède une part d'ombre. Rassurez-vous, elles sont souvent présentes pour mieux vous faire briller ! Vos petits défauts sont en fait ce qu'appréciera le plus souvent votre partenaire, pour peu qu'il vous aime d'un amour véritable. En vous rendant attirant, ils font de vous cet être unique qu'il reconnaît comme étant la personne qui lui convient. La perfection n'est pas de ce monde et le but n'est pas d'atteindre la perfection mais l'unification.

Si vos parts d'ombre vous exhortent simplement à tenter d'être meilleur, elles ont alors rempli leur fonction : sans elles, vous ne chercheriez pas à vous développer et à comprendre qui vous êtes, n'est-ce pas ? Rappelez-vous : la valeur du coffre-fort se trouve à l'intérieur ! Remerciez-les, elles vous sont plus utiles que nuisibles. Pour peu que vous soyez équilibré, ce qui est le cas pour la plupart d'entre nous, vous chercherez à les transmuter.

CHAPITRE 13

Communiquer avec l'Univers

Nous nous transformons sans cesse. Le monde change. Les villes changent. Les gens changent. La mutation a toujours été à l'origine de grands bouleversements. En fait, la seule chose constante est l'Observateur qui nous habite. Il est toujours présent et disponible. D'après les nombreux témoignages qui ont traversé les siècles, on sait que cette Conscience s'est incarnée depuis aussi longtemps qu'il est possible de remonter dans l'histoire de l'humanité ; sans elle, vous ne pourriez vivre.

La spiritualité n'est autre que la reconnexion à cette Conscience et n'a rien à voir avec la religion. C'est une source de bien-être inépuisable qui nous permet d'évoluer positivement. Vous pouvez être spirituel, quels que soient votre religion, vos croyances, vos origines, vos racines et votre statut social. Un être spirituel, selon ma philosophie, n'est autre qu'une personne qui cherche à donner du sens à sa vie et qui s'est libérée du joug de la dualité en ayant reconnu son alliance avec la Source divine dont nous provenons tous.

Cette unification permet à l'être spirituel de vivre dans la joie et l'espoir, car la sagesse lui a enseigné qu'il ne saurait vivre autrement puisqu'il fait partie d'un tout, et que tout est en lui. Dès lors, il est évident que l'Univers, interagit avec et à travers lui, ce qui laisse place à une communication brillante et à des échanges épanouissants.

Être spirituel, c'est respecter tout ce qui vous entoure. Vous avez des valeurs, vous devez apprendre à vous respecter en premier et à vous affirmer ; sans cela, vous n'êtes pas authentique et donc, vous n'êtes pas spirituel. La spiritualité est un état d'être en lien direct avec la liberté et l'amour. Être spirituel ne veut pas dire imposer sa vérité aux autres, c'est les aider à trouver la leur. Aimez-vous et ayez une grande estime de vous-même car vous êtes utile, vous êtes ici pour participer à une œuvre commune !

Ce sont les faiseurs qui influencent l'humanité, pas les parleurs. Donnez le meilleur de vous-même en suivant votre cœur ; courage, soyez intègre ! Nous ne vivons pas dans un monde paradisiaque ; acceptez la vie que vous créez dans cette matière grâce à vos pensées et vivez harmonieusement. Accueillez la vie sous toutes ses formes, elle vous le rendra au centuple ! Sachez aussi que vous n'avez pas à savoir tout faire ; vous avez juste à vous concentrer pour extraire ce qui est en vous.

Communiquer avec l'Univers ne signifie rien d'autre qu'établir un lien fort avec lui, qui permet d'émettre et de recevoir de la meilleure façon qui soit par le biais du Divin. Vos antennes célestes et terrestres seront si puissantes lorsque vous les aurez dépoussiérées, que vous percevrez tout ce qui est, de manière claire et véritable. Elles sont longues et ont une grande portée ; plus vous pratiquerez et plus vous les affinerez. Il sera alors difficile de vous duper ou de vous trahir.

Pour communiquer avec l'Univers, vous devez faire taire votre ego. Pour cela, il est indispensable d'avoir un bon ancrage en vivant dans la lumière de l'instant présent ; ainsi, les énergies vous traverseront, sans vous polluer. Si vous remettez sans cesse en question vos perceptions, vous minimisez les informations reçues et vous diminuez vos chances d'accéder au pouvoir universel.

« Si tu doutes de tes pouvoirs, tu donnes du pouvoir à tes doutes. » Claude d'Astous

Il est nécessaire de croire en vous et en ce lien qui vous unit avec le Grand Tout pour recevoir les signes et les synchronicités qui vous sont destinés. Vos guides sont là pour vous accompagner sur votre chemin de vie. En numérologie, le chemin de vie est calculé à partir de votre date de naissance. Il vous donne de précieux indices sur la direction à prendre pour avoir une vie épanouissante en vous dévoilant vos forces et vos faiblesses.

En allant dans votre chakra du cœur, vous pourrez savoir si vous communiquez bien avec vos guides ou si le mental tente d'interférer. Vous le sentirez : il ne vous met jamais à l'aise et ses réponses ne sont pas structurées. Lorsque vous avez une question et que vous avez bien avancé sur votre parcours spirituel, je vous suggère de la poser à vos guides, de préférence le matin ou le soir car vous êtes plus disponible ; puis, laissez-leur du temps pour vous faire descendre l'information. Je vous fais la promesse, qu'en étant attentif, vous aurez toujours une réponse ! Ils vous enverront des messages par le biais de publicités, d'articles, de lectures, de numéros (tels que les heures miroirs comme 10h10 par exemple et les plaques d'immatriculation aux chiffres doubles ou triples), d'images, d'animaux spécifiques, de symboles, de plumes d'ange, de nuages, d'arcs-en-ciel, de cœurs, et bien sûr, par vos rêves…

Cherchez ces informations et décryptez-les grâce à vos talents de journaliste-reporter : vous êtes un Tintin en herbe ! En utilisant votre guidance divine, vous saurez faire la part des choses entre l'information galvaudée et celle qui résonne en vous. Prenez toujours l'information qui vous fait vibrer, celle qui vous parle au plus profond de votre être. Ressentez-la, vous verrez, c'est magique !

Si vous êtes fatigué ou que votre taux vibratoire est bas, recentrez-vous en allant faire une balade dans la nature, en méditant, en respirant et en pratiquant des activités qui vous redonneront de l'énergie.

Plus vous vibrez haut, plus vous attirez de belles choses et plus vous êtes réceptif ! Avec un peu de chance et beaucoup d'entraînement, vous pourrez même développer votre clairvoyance, votre clairaudience (capacité psychique qui permet de recevoir de l'information auditive), votre clairesentience (perception extra-sensorielle qui permet de recevoir de l'information par le biais de sentiments) et votre aptitude naturelle à la télépathie. Savez-vous que la clairvoyance et la télépathie ne sont en fait qu'un seul et même don ? Même si vous n'en exploitez qu'un, vous avez forcément l'autre, et tous deux ont la même puissance. Leur portée peut être phénoménale, si bien que nos gouvernements ont dû se prémunir contre toutes formes d'intrusions d'origine extrasensorielle. Plusieurs expérimentations officielles américaines nous prouvent leur réalité, je pense, entre autre, à celles du Docteur Rin mentionnées dans l'ouvrage *Réfléchissez et devenez riche* de Napoléon Hill, qui ajoute qu'il existe des méthodes pour stimuler ces modes de perception extrasensorielle.

Il nous révèle aussi que les autres expériences de ce type, telles que les rêves prophétiques, les prémonitions, etc., découlent de la même faculté. Bien sûr, vous êtes libre de ne pas accepter ces informations. Une chose est sûre : en vous servant de votre guidance divine vous choisirez ce qui vous convient le mieux, et vous n'aurez plus besoin qu'on vous tienne la main !

Chapitre 14

Les enfants et la société

« Celui qui n'accueille pas le royaume de Dieu à la manière d'un enfant, n'y entrera pas. » Jésus Mc 10, 13-16

Observez les petits enfants et voyez à quel point ils s'émmerveillent de tout. Dans leurs yeux, il n'y a que clarté, innocence et amour. Ils n'ont pas d'états d'âme ni de jugement, car leur regard est celui de la pure conscience. Eckart Tolle nous explique que :

« La joie toute simple d'être vivant suffit à l'enfant, pour une brève période de sa vie, avant que l'intellect ne vienne obscurcir cet état d'être. Lorsqu'il grandit et qu'il réussit à dépasser le concept du « moi » en traversant la dimension de la pensée et en s'en libérant, sa conscience devient plus profonde, l'esclavage mental le quitte et ses capacités à regarder et à percevoir s'accroissent. »

J'ajoute à cela que ses fonctions cognitives s'améliorent.

Faites ce cadeau à votre enfant : offrez-lui la possibilité de prendre conscience de qui il est vraiment, dès sa huitième année, d'une manière simple pour qu'elle soit efficace. Rien de bien compliqué : soyez vous-même et montrez-lui comment vous opérez. Il vous immitera et constatera que vos enseignements portent leurs fruits avec le temps. Pour tout vous dire, il n'est même pas nécessaire d'ouvrir la bouche. Votre attitude et vos actions parlent d'elles-mêmes... Soyez donc un modèle pour ceux qui vous regardent d'en haut et rappelez-vous que les générations futures vous scrutent d'en bas. Pour conclure sur l'importance de fonder l'éducation de nos jeunes gens sur des bases intemporelles, je vous laisse réfléchir aux sages paroles de Maria Montessori :

« N'élevons pas nos enfants pour le monde d'aujourd'hui. Ce monde aura changé lorsqu'ils seront grands. »

« L'éducation est un processus naturel chez l'enfant qui n'est pas acquis par les mots mais par l'expérience de son environnement. »

Expliquer aux enfants la façon dont ils fonctionnent devrait être appris à l'école, mais le programme qu'on leur enseigne n'est pas établi à ces fins. Il est certes nécessaire, mais je pense sincèrement qu'il mérite d'être agrémenté par d'autres formes d'apprentissages parallèles, car nous en voyons quotidiennement les failles. Tout ce qui est de l'ordre du subtil prendra une place bien plus importante dans les années à venir. Voyez déjà les vieux schémas qui s'effondrent les uns après les autres. Bon nombre de nos étudiants diplômés ne trouvent pas d'emploi. Ne sachant pas comment procéder, ils tentent désespérément de percer, sans avoir les outils ni les méthodes nécessaires pour sortir vainqueurs du système, et la frustration les gagne, puis la colère... Il en va de même pour ceux qui tentent de se former ou de se reformer sans choisir ce qui est en adéquation avec ce qu'ils sont. J'ai vu trop de gens perdus pour ne pas m'exprimer sur le sujet.

Il est du devoir de l'humanité de redresser la barre et d'agir afin qu'elle puisse délibérément créer un mode de vie plus sain pour l'environnement et plus sain pour elle-même. Elle n'en sera que plus forte et tout ce qui en découlera n'ira que vers la croissance. Ne luttons pas contre ce qui est mauvais, agissons pour créer ce qui est bon. Lutter pour obtenir quelquechose ne fonctionne pas, les lois naturelles nous l'enseignent. Donner de l'énergie pour être, faire, et avoir le meilleur, est la solution pour réussir tout ce que vous entreprenez. Révélez-vous avec votre cœur dans toutes les facettes de votre vie, n'ayez plus peur, agissez. Vous avez tout à y gagner !

Les massacres, et là je pense particulièrement à la faune et à la flore, doivent cesser. Nous pouvons vivre autrement, nous vivrons mieux et plus longtemps d'ailleurs. En tant que consommateurs, nous avons le pouvoir de faire changer les choses à ce niveau. Vous en êtes conscient. En achetant mieux et plus intelligemment vous participez chaque instant à transformer la planète. L'environnement est l'affaire de tous. Je vous suggère d'écouter votre corps pour vous alimenter. Suivez ce qui est bon pour vous et veillez à ne pas surconsommer. Nous aurons déjà fait un grand pas lorsque nous aurons diminué, voire éliminé, les aliments nocifs pour le corps physique. En Occident, nous sommes champions pour les distribuer !

En nourrissant votre esprit, vous apprendrez à vivre autrement et vous changerez l'impact que vous avez sur tout ce qui vous entoure. Instruisez-vous, réfléchissez par vous-même, ayez de belles pensées, construisez vos projets et vivez d'une manière authentique qui résonne avec tout votre être, c'est ainsi que vous serez heureux. Le bonheur est une sensation. Nous sommes les seuls à pouvoir nous l'offrir… Les enfants nous le rendront, les animaux nous le rendront et la Terre nous le rendra. Cela ne mérite-t-il pas un peu de notre précieux temps ?

CHAPITRE 15

Apprendre aux jeunes gens

La conception que j'ai de l'apprentissage vous surprendra peut-être. Premièrement, j'ai confiance en l'avenir. Je sais au fond de mon cœur que les nouvelles générations entendront les messages qui leur seront adressés et qu'elles œuvreront pour bâtir une société plus équitable et plus belle. Pourquoi ? Parce que j'ai placé ma foi en elles et que chaque jour, j'observe de nouveaux arrivants terrestres et je pressens qu'ils sont déjà dans des vibrations différentes des nôtres.

Comment apprendre aux jeunes gens ? Encore une fois, je rejoins complètement Bob Proctor qui nous dit que « les enfants ont déjà un potentiel illimité, ils ne sont pas vides et ils ont du génie ! »

Les assommer d'informations ne leur sera pas utile si vous n'arrivez pas à faire jaillir les merveilles qu'ils renferment. En essayant de les faire rentrer dans le moule, vous n'obtiendrez qu'une tarte dont le goût et la texture vous laisseront dubitatif… Je suis peut-être un peu sévère avec cette métaphore, mais je pense qu'il est grand temps d'ouvrir les yeux. En tant que parents, il est de notre devoir d'aider nos enfants à prendre conscience du pouvoir de leur imagination et de leur capacité à créer la vie qu'ils souhaitent.

Votre enfant vous écoute, vous regarde, vous imite et

communique avec vous. Tout ce qu'il reçoit dès son plus jeune âge, formera le paradigme dont nous avons parlé au chapitre 6. Pensez-y : le subconscient d'un petit enfant n'a aucune capacité à rejeter ce qu'on lui présente. Vous pouvez apprendre une multitudes de choses à votre bébé et lui faire prendre conscience de sa beauté à travers vos paroles et vos comportements, alors implantez de belles choses dans son subconscient qui l'accompagneront tout au long de son parcours.

Après cinq ans, les facultés mentales de l'enfant vont se développer afin qu'il puisse opérer de la meilleure façon qui soit dans ce monde. Laissez-le expérimenter en le guidant intelligemment afin qu'il puisse découvrir progressivement ses valeurs. Les valeurs sont fondamentales pour acquérir la sagesse, et la sagesse vous donne accès au bonheur. Vous pourrez commencer à voir poindre ce que contient votre enfant vers l'âge de neuf ans. Pour vous en faire une idée, il est important de ne pas intervenir continuellement en tentant de le modeler à votre façon, ou pire encore, de laisser le système le faire. En bref, ne lui imposez pas votre vision du monde, évitez d'être trop autoritaire et soyez flexible. Donnez-lui plutôt des clefs qui lui permettront de s'adapter, de choisir en conscience et de se construire à son rythme. Il devra faire des choix toute sa vie ; or, s'il manque de confiance, il n'est pas certain que ses décisions reflètent vraiment ses désirs profonds...

Durant sa scolarité, suggérez à votre enfant de visualiser les notes et les choses qu'il aimerait obtenir. Faites-les-lui écrire et dessiner. En fait, peu importe qu'il arrive à manifester tout ce qu'il souhaite ; le but du jeu est de lui faire travailler la projection visuelle.

Développez le goût de la curiosité et de la recherche

chez lui. Nous sommes tous ici pour apprendre et pour chercher quelque chose !

« La joie d'apprendre est autant indispensable à l'intelligence que la respiration au coureur. » Maria Montessori

Lorsqu'il sera adolescent, proposez-lui de se fixer des buts et encouragez-le à rêver ! Continuez à lui parler même si vous avez parfois l'impression qu'il ne vous écoute pas. Il vous écoute mais le jeu est de vous faire croire que ce n'est pas le cas, histoire de vous narguer et de vous pousser dans vos retranchements. Observez, ne réagissez pas et si la punition est inévitable, tentez d'en trouver une équitable. Elle doit être cohérente avec ce qu'il a provoqué pour se l'attirer. Vous lui prouverez que vous êtes juste et que vous savez estimer l'ampleur d'une action. Il n'en ressortira que plus grand et plus aguerri.

Mâchez vos mots, peu importe l'âge qu'a votre progéniture. Pour réussir l'éducation de votre enfant, la plus belle chose que vous puissiez lui apporter est votre amour et l'amour qu'il se portera en se construisant une belle image de lui-même :

« Car ce qu'il pense en son cœur, il est. » Le roi Salomon

CHAPITRE 16

La richesse

Pour attirer l'argent, vous devez d'abord vous sentir riche et croire que tout vous réussit. Comment se sentir riche ? Il est important d'utiliser tous vos sens et de percevoir que l'abondance fait entièrement partie de la vie et que vous la méritez autant que chacun d'entre nous. La Terre est abondante, l'Univers est opulent et votre valeur est immense. Détournez-vous de ceux qui vous font croire le contraire, car ils vous empêchent d'accéder à l'épanouissement et à la sagesse. Préférez voir le verre à moitié plein plutôt qu'à moitié vide.

Vous avez appris au long des chapitres de ce guide que tout est une question de vibration. Si vous vibrez le manque, vous vibrez la pauvreté et si vous la vibrez, vous n'arriverez pas à attirer son inverse car votre intention sera focalisée sur le fait de retenir plutôt que d'agir pour en avoir plus, ceci en vous ouvrant à un maximum d'opportunités. Sachez regarder autour de vous car les occasions sont toujours présentes mais le pessimisme vous aveugle. Observez et regardez ce que vos yeux veulent bien voir, pas l'inverse. Il est important de vous concentrer sur les offres d'emploi ou les services qui correspondent à votre être intérieur car ce sont eux qui vous enrichiront. L'argent est une énergie qui peut provenir de multiples sources : plus vous êtes magnétique en émettant de bonnes ondes à son sujet et plus vous vous couvrirez d'or. Émettez sur de hautes fréquences en aimant l'argent ; pour cela, il faut que vous dépassiez la peur d'en perdre en vous sentant capable d'en avoir autant que vous le désirez et quand vous le désirez. C'est vous qui êtes aux commandes, personne d'autre.

Programmez-vous en mode « aubaine » et voyez comme les situations se dénouent dès lors que vous êtes tranquille et confiant. Tout arrive à point à qui sait attendre ; encore faut-il attendre intelligemment... C'est d'ailleurs pour cette raison qu'il est préférable d'avoir quelques économies pour être à l'aise avec cette idée qui favorise les bons investissements. Faire un bon investissement peut se décider très rapidement, mais il vous faudra toujours un peu de temps pour réaliser qu'il l'était. Soyez en phase avec vos ressentis et écoutez-vous. Lorsque vous sentez qu'une occasion est fructueuse, agissez et saisissez-la au vol ! Les plus grands dirigeants décident rapidement et ne remettent pas en question leurs décisions.

Ne vous laissez pas envahir par le doute : expérimentez plus de choses, puis partagez votre vécu avec les autres. Qu'avez-vous bien fait et que feriez-vous différemment ? Réfléchissez d'une manière constructive et je vous promets que vous vous enrichirez. Agissez comme s'il était impossible d'échouer pour que votre chemin soit pavé d'or. L'apprentissage est continu, c'est lui qui vous mène à la réussite matérielle et financière.

Les hommes les plus riches ont souvent perdu beaucoup d'argent avant d'en posséder en grosse quantité. Il est nécessaire de le faire circuler pour éviter de bloquer son énergie. Pour vous y aider, travaillez sur vous pour dépasser vos craintes en élargissant votre conscience. Dirigez votre attention vers tout ce qui peut contribuer à vous élever au niveau social et à embellir l'image que vous avez de vous-même.

Aimez-vous et aimez les belles choses ! Je ne vous dis pas de dépenser votre argent à tort et à travers, mais je vous suggère de diriger votre attention vers ce qui fait briller votre cœur ! Tout ce qui brille n'est pas or mais tout ce qui contribue à vous faire briller vous en rapproche un peu plus.

Soyez bon et généreux, car l'avarice vous plonge dans la médiocrité et vous maintient dans un sentiment de manque qui fait baisser vos vibrations. Les lois naturelles sont en phase avec le Divin, ne l'oubliez pas. Plus vous serez aligné avec lui et plus vous découvrirez les trésors uniques qui sommeillent en vous : ce sont eux qui vous rapporteront de l'argent et, comble de joie, personne ne pourra vous les voler. Apprenez à compter et tenez votre comptabilité à jour afin de satisfaire votre besoin de sécurité. Il est commun à chacun d'entre nous. Pour mieux vivre, il faut connaître vos besoins et y répondre avec sagesse. Nous n'avons pas tous les mêmes besoins ; certains se contentent de peu alors que d'autres demandent beaucoup.

Apprenez à regarder et donnez avec équité. Soyez juste avec vous et avec les autres ; ainsi, vous serez équilibré, ce qui vous permettra d'avoir une meilleure image de vous-même. L'image est très importante. Surveillez votre langage et la façon dont vous vous habillez pour sortir. Si vous vous sentez en parfaite harmonie avec votre personne, vous rayonnerez et vous attirerez l'abondance et la prospérité. Mettez-vous en valeur, d'abord pour vous et après pour les autres. C'est un gage de richesse !

Enfin, éprouvez du bonheur envers l'argent. Les

sommes que vous monnayez en contrepartie de services rendus sont la confiance que vous avez placée en l'autre. Cette personne vous a accordé la sienne et c'est votre devoir d'en être reconnaissant. Vous ne vous attirerez pas de bonnes choses en tentant de contrôler les gens sans être intègre. Les bons *leaders* sont responsables et montrent l'exemple, si ce n'est pas votre cas, vous entendrez tôt ou tard, et ce sera plus tôt que tard, gronder vos subalternes. Il est vrai que ce n'est pas toujours simple, mais nous décidons en conscience et nous sommes responsables de nos actes quoiqu'il advienne. Personne ne travaillera indéfiniment pour vous si vous ne faites aucun effort et que vous ne savez pas donner. Pour recevoir, il faut donner ; inversement, pour ceux qui donnent trop, il faut apprendre à recevoir. Les relations les plus harmonieuses sont basées là-dessus.

Dans la société actuelle, s'enrichir ne rime pas forcément avec le mot « travail » puisque nous voyons de plus en plus de personnes qui travaillent et qui ne gagnent presque rien… N'est-ce pas paradoxal ?

Ne serions-nous pas en train de perdre la valeur du travail, puisque le travail qu'on nous propose n'a plus de valeur ? Je vis en France et je vois quotidiennement des gens qui me disent qu'ils ont un emploi mais qu'ils n'arrivent pas à joindre les deux bouts. Certains n'en ont pas et s'en sortent mieux que ceux qui triment toute la journée. Je ne porte aucun jugement là-dessus, mais une chose est sûre : ce n'est pas ainsi que nous donnerons envie aux gens de s'investir, ni de proposer leurs services ! Le système établi est ainsi fait : il nous marginalise dès que nous décidons de nous en extraire et dès que nous devenons trop chers pour ce qu'il peut nous offrir, c'est-à-dire pas grand-chose en termes de satisfactions personnelles…

Est-ce là la société que nous voulons pour nos enfants ? La machine infernale que nous avons créée et qui semble en passe d'être désuète, ne doit pas prendre le dessus sur ce qui nous caractérise le plus : nous sommes tous reliés à la Source divine et nous ne faisons qu'un avec elle.

Savez-vous que 51% de pensées, de paroles et d'actes positifs suffiraient à contrebalancer l'énergie négative planétaire et contribueraient à faire changer beaucoup de choses ? Réfléchissez-y…

Nous ne sommes pas faits pour l'esclavage, nous ne sommes pas faits pour être seuls, nous ne sommes pas faits pour voir nos semblables souffrir, nous ne sommes pas faits pour voir nos enfants et nos anciens malheureux, nous ne sommes pas faits pour nous débrouiller et continuer un travail qui n'a plus aucun intérêt à nos yeux, nous ne sommes pas faits pour emmagasiner la haine, la colère et la frustration à longueur de journée, nous ne sommes pas faits pour tout accepter, nous ne sommes pas faits pour ruiner l'environnement, nous ne sommes pas faits pour manger n'importe quoi, nous ne sommes pas faits pour massacrer les animaux, nous ne sommes pas faits pour nourrir des pensées malsaines et entretenir la paranoïa de notre société ; enfin, nous ne sommes pas tellement différents les uns des autres car nous sommes faits pour apprendre, pour comprendre, pour progresser et pour vivre, autant que faire se peut, dignement et joyeusement. Quelques-uns d'entre nous ne répondent pas à ces critères, soit parce qu'ils sont gravement malades ou parce qu'ils sont fous…

La vraie richesse se trouve à l'intérieur de nous, pourtant, l'argent doit être au cœur des questions existentielles de ce monde, car l'importance qu'on lui accorde est excessive. En effet, sa valeur est tronquée car les croyances que nous entretenons à son sujet sont fausses et nous privent de liberté. L'argent est une énergie : en éprouvant de bons sentiments à son égard, vous l'attirez à vous. En étant positif et en vous en servant sagement, efficacement et judicieusement, vous le pérénisez. Plus vous entretenez de bonnes pensées et libérez votre créativité, tout en étant reconnaissant pour ce que vous possédez déjà, plus vous en percevez ! En d'autre termes, pensez richement et détâchez vous du sentiment de manque qui engendre la pauvreté et bride votre potentiel.

La dématérialisation progressive de l'argent ainsi que l'évolution des moyens de paiement sont la preuve que sa valeur ne sera plus basée sur les mêmes principes dans le futur qui est de le donner « contre quelquechose » ou « contre services rendus » dans le système mis en place qui nous pousse à aller « contre tout », plutôt que l'inverse... Nous ne pouvons pas continuer ainsi, nous le savons et nous le voyons : c'est un fait.

Autre réflexion : ne pourrions-nous pas envisager d'en percevoir pour réaliser une œuvre plutôt qu'une tâche ? Certes, il est important que les mots traduisent nos situations, et nos situations, ne dépendent-elles pas de notre niveau de conscience ? La conscience collective s'élève et la nôtre est en passe de prendre de l'essor grâce, entre autres, à l'augmentation de la fréquence terrestre...

Rêvons un peu : notre motivation ne serait-elle pas décuplée si nous avions la possibilité de nous dévouer à notre « œuvre de vie » ou à des « œuvres associatives » rémunérées ? Peut-être que nous limiterions les « burn-out » qui sont la maladie du siècle... ? Peut-être que le visage de notre planète se métamorphoserait, à l'image de la nouvelle espèce d'homo spiritus qui l'habiterait...

Nous pouvons imaginer beaucoup de choses... Quoiqu'il en soit, l'humanité fera des choix qui selleront son avenir.

Nous sommes en train de remplacer progressivement l'argent par des monnaies virtuelles qui, je l'espère, nous permettront de revoir l'importance qu'on lui accorde et qui faciliteront peut-être l'accès à de nouveaux emplois, à de nouvelles offres et à de nouveaux services suivant l'orientation qu'elles prendront... Vous me trouvez sans doute optimiste, mais je préfère l'être car c'est ainsi que je fonctionne.

Réfléchissez : quelles sont vos priorités dans la vie ? L'argent, la famille, la carrière, l'amour, la santé…
Faites l'exercice de les écrire et voyez si vous avez besoin de les réévaluer. Certaines choses n'ont pas de prix et notamment celles que vous emmènerez avec vous lorsque vous partirez...

Chapitre 17

L'intention

L'intention est comme une graine que vous plantez en terre. Si votre sol est fertile, votre intention grandira peu à peu, tel un arbre, et vous verrez bientôt éclore un magnifique bourgeon qui donnera naissance à une très belle fleur. Le germe de vos pensées donne toujours ce qu'il contient, ne l'oubliez pas. Vous n'obtiendrez pas un magnolia avec un pépin de poire ! Choisissez donc bien vos semences pour vous éviter les désagréments. L'intention est sans nul doute la condition *sine qua none* à la réalisation de tous vos projets.

Il n'y a rien de plus puissant qu'une intention dont l'heure est venue. Lorsque vous utilisez ce grand pouvoir et que vous vous focalisez sur une intention à la fois, vous décuplez les forces énergétiques qui l'accompagnent en concentrant votre projection tel un rayon laser. Si vous maintenez votre attention sur le dessein qui vous est cher, vous l'atteindrez, car ce que vous avez imaginé, allié à la force de votre volonté, le manifestera par vos actes dans la réalité. Il en va de même si vous choisissez délibérément de ne plus accorder d'attention à ce qui ne vous inspire plus.

Tout ce sur quoi vous portez votre regard est source d'évolution, et c'est l'intention qui crée la transformation. Vous seriez étonné des résultats si nous pouvions retranscrire ces faits en chiffres. Les plus grands sportifs possèdent une détermination à toute épreuve. Ils sont résolus, assidus, volontaires et utilisent la visualisation créatrice.

Lorsque vous êtes connectés au champ de l'intention, vous ne voyez plus que le bon côté des choses car vous avez l'intime conviction que votre esprit finira par créer tout ce dont il a besoin. La Source divine pourvoit à votre équilibre ; ainsi, plus vous donnerez, que ce soit de votre temps ou les choses qui surgissent dans votre vie, plus vous recevrez en retour.

Les gens « connectés » ne se soucient pas ou très peu des informations et des émissions débilitantes amplement diffusées sur Terre. Ils préfèrent écouter leurs intuitions et se fier à leurs ressentis. La guérison émerge en leur présence car ils vous apaisent, vous revitalisent et vous inspirent grâce à leurs vibrations. Ils ne se laissent pas déstabiliser par les gens jaloux, obtus, menteurs, irascibles et sans vergogne, qu'ils fuiront ; tout comme ils s'affranchissent des commérages autant que des échanges de banalités. C'est justement pour ces raisons qu'ils semblent distants. Ils ont l'art de convertir les énergies inférieures en énergies supérieures et rétablissent l'harmonie là où règne la confusion.

Ils vous expliqueront que vos intentions et vos vibrations participent à l'évolution, en bien ou en mal, de tout ce qui est. Vivre en harmonie avec la Source divine c'est participer au bon fonctionnement terrestre et céleste. C'est créer et co-créer à chaque instant, c'est guérir et c'est aussi apporter plus d'amour à l'ensemble des êtres vivants sur notre planète. Nous sommes responsables de nos actes et nous seuls pouvons les changer. En fonction du regard que nous posons sur les choses, les choses que nous regardons changent, c'est ce que nous enseigne Wayne W. Dyer.

Les gens « connectés » sont généreux : ils préfèrent offrir une belle vision du monde plutôt que d'entretenir la laideur et l'égoïsme. Ils se consacrent sans relâche à leur but et vénèrent l'invisible, le silence et les esprits. Ils reconnaissent d'ailleurs qu'ils sont un esprit muni d'un corps et que tout est Divin ; de ce fait, leur potentiel infini les fait briller de l'intérieur. Leur destinée n'en est que plus incroyable, car chacun de leurs actes réfléchit la certitude qu'ils ont que leurs intentions se réaliseront. L'humilité accompagne leurs pas, car ils savent que la vantardise n'a aucune place dans l'Univers, puisque, sur le plan universel, nous ne sommes qu'un. Leur foi est inébranlable ; de ce fait, ils ne se sentent jamais coupés des autres, ni de la Source. Ils ont confiance et choisissent de se sentir bien à chaque instant en veillant d'abord à leur propre équilibre, pour mieux servir leurs semblables. Enfin, ils sont toujours reconnaissants car ils apprennent sans cesse et profitent de chaque expérience pour vivre un peu mieux et accroître leur savoir. On les entend donc rarement se plaindre ou se chercher des excuses.

Pour les « connectés », tout ce qui se manifeste dans leur vie est là parce qu'ils l'ont voulu ou qu'ils doivent l'expérimenter. Ils n'essayeront pas de vous convaincre qu'ils ont raison car ils ne souhaitent pas entretenir la polémique et encore moins les frustrations. Ils ne sont pas ici pour opposer de la résistance à la différence, bien au contraire. Ce ne sont pas des suiveurs car ils ont un objectif précis en tête et rien ne peut les en détourner !

Ils préfèreront vous donner des clefs pour que vous puissiez expérimenter les synchronicités, les signes et les évidences afin que vous puissiez réaliser que tout est divinement bien orchestré ici-bas. Leur véritable satisfaction résidera dans le simple fait de vous voir épanoui, tel que vous êtes, ainsi que désireux d'aider à votre tour. Nous avons tous besoin les uns des autres et chacun dans un domaine bien précis. Lorsque nous travaillons ensemble pour construire un monde meilleur, nous ressentons une grande satisfaction personnelle alors qu'une société egotique ne peut nous procurer un tel sentiment. Nous nous complétons dans bien des domaines, ainsi, en formant un réseau d'esprits éveillés, nous constituons un cerveau collectif positif, puissant et précieux.

En vous ouvrant à l'Esprit universel, vous travaillerez de concert avec la Source divine et vous manifesterez la vie que vous souhaitez. N'hésitez pas à demander des conseils et de l'aide à vos guides, aux anges, à votre âme ou à l'Univers, à tout moment. En composant harmonieusement avec votre être intérieur, vous rencontrerez des gens intéressants, bienveillants et qui vous correspondent ; et si vous passez de la conscience de l'intention à la connaissance de l'intention, vous ne serez plus jamais le même car vous vivrez la magie à chaque instant de votre vie !

CHAPITRE 18

Le sixième sens

Fiction ou réalité ?

Qu'évoque pour vous le sixième sens ? Personnellement, j'ai toujours pensé qu'il n'y avait pas de hasard et que tout pouvait être expliqué, mais que nous étions encore bien loin de comprendre les lois qui régissent l'Univers, et notre propre fonctionnement dans sa globalité. En nous, et personne ne sait où, existe une Conscience qui nous permet de recevoir une connaissance exacte. Elle peut nous aider en cas d'accident, tout comme elle nous permet de transcender les difficultés et d'agir de la manière la plus adéquate et la plus surprenante qui soit pour arriver à nos fins. Cette Conscience nous amène à nous dépasser, car son efficacité est sans pareille. Sa grandeur n'en est pas moins à la hauteur de sa compétence à fonctionner en parfait accord avec l'Univers. Elle est prodigieuse ! Votre aptitude à utiliser son pouvoir, qui est aussi le vôtre puisque vous ne faites qu'un avec elle, vient peu à peu, en appliquant les clefs de la décision, de la volonté, de la foi et de la discipline.

Si vous stimulez votre esprit, vous réaliserez que vous êtes capable de transformer n'importe quel désir en son équivalent matériel. Dans son *best-seller*, Napoleon Hill nous dévoile que « Si le désir est le point de départ de toute réalisation, à l'arrivée il y a le sixième sens. »

Avez-vous réalisé qu'en lisant ce livre vous avez aiguisé vos perceptions ? En sachant qu'une force infaillible est à votre service, vous pouvez maintenant choisir d'y faire appel pour créer tout ce qui vous fait vibrer et qui glorifie l'Univers ! Tâchez de vous souvenir que vous récoltez tout ce que vous semez et que tout l'amour que vous donnez vous sera rendu au centuple.

Pour vous servir de votre sixième sens, la meilleure chose à faire est d'être à l'écoute de votre cœur. Si votre mental est trop présent, il étouffe les sensations qui tentent d'émerger pour vous mettre en relation avec les forces subtiles, que seul cet extraordinaire sens peut capter. Lorsque vous êtes stressé, pressé ou en crise, vous ne pouvez accéder à ce qui émane de l'invisible, car la matière vous accapare. Lâchez prise en prenant quelques instants pour respirer, puis remplissez-vous d'énergie positive afin de retrouver un bon état d'esprit en pensant à tout ce qui peut contribuer à vous estimer davantage ; ceci aura pour effet d'augmenter votre taux vibratoire. Vous serez alors plus à même de canaliser de l'information. Préparez-vous à accueillir les messages qui vous parviendront, car beaucoup d'entre nous veulent savoir des choses mais n'acceptent pas l'information qu'ils reçoivent. Il est préférable de ne rien demander si vous n'êtes pas ouvert à tout ce qui peut vous être proposé... Quoi qu'il en soit, sachez que votre sixième sens est votre meilleur allié dans toutes les situations !

Vous êtes maintenant en contact avec cette chose impondérable qui vous aiguillera. Vos intuitions, vos ressentis et vos inspirations sont des informations inestimables qui vous viennent de la Source, *alias* la Conscience. Elles n'ont aucun équivalent dans le monde matériel car elles vous servent à le construire grâce à l'attention, l'intention et l'engouement que vous leur portez.

Les grands sages nous ont transmis ce savoir à travers des millions de représentations, de récits et d'ouvrages littéraires, tout au long des siècles. Nos prophètes nous ont évoqué à maintes reprises les richesses que nous possédons à l'intérieur de notre être, et l'incroyable vérité qui est qu'en vous connectant au Divin, vous pouvez tout changer. Vous accélérez ainsi tous les processus qui permettent de matérialiser, en des temps records si votre foi est inébranlable, ce que vous désirez le plus.

Vous êtes l'enfant du Divin qui soutient tous vos projets, pour peu que vous lui laissiez de l'espace afin qu'il émerge et vous illumine, au détriment de l'ego qui ne peut rien faire de tout cela. Si vous laissez l'indécision, le doute et la peur, qui sont vos trois principaux ennemis, envahir votre esprit, vous anéantissez vos chances d'accéder au majestueux fonctionnement du sixième sens.

Les six entités de la peur qui peuvent encore vous barrer la route sont : la peur de devenir pauvre, la peur d'être critiqué, la peur de tomber malade, la peur de perdre l'être aimé, la peur de vieillir et la peur de mourir.

L'incroyable livre de Napoleon Hill *Réfléchissez et devenez riche* traite, entre autres, de ces peurs. Je vais vous donner ma version de ces illusions grotesques qui, chaque jour, et je sais que c'est le cas, tentent inexorablement de vous persuader que vous n'êtes pas capables de créer tout ce que vous souhaitez.

CHAPITRE 19

Les six visages de la peur

1) La peur de devenir pauvre

La peur de devenir pauvre vient essentiellement du fait qu'on vous a fait croire que vous êtes incapable d'attirer ce qui pourrait ressembler, de près ou de loin, à un revenu suffisant pour satisfaire vos besoins. Pourquoi a-t-on engendré de telles croyances ? Parce qu'elles servent à vous maintenir dans l'illusion. Il n'y a qu'en entretenant des pensées négatives que vous serez pauvre, car la pauvreté est la sœur de l'avarice qui est un état d'être. Il n'y a qu'en décidant que vous ne voulez pas donner que vous créez la pauvreté. Si vous pensez être pauvre d'esprit, vous le deviendrez.

Pour remédier à la peur de la pauvreté, il vous faut accepter le fait que vous êtes le créateur de tout ce qui entre dans votre vie. Vous êtes le seul à vous couper de la bienheureuse richesse, et pour changer la vision et la perception que vous en avez, il ne tient qu'à vous de constater que les gens heureux attirent encore plus de richesses dans leur vie. Voyez-vous, si vous êtes sans cesse en train de vous justifier ou de vous lamenter, vous n'attirerez pas l'abondance car vous resterez captif de l'énergie que vous accordez à ces deux phénomènes négatifs. L'abondance est partout, il suffit juste de voir la profusion dans laquelle nous baignons.

Vous pouvez être riche, prospère et en santé : c'est votre droit de naissance. Saisissez-le ! En maîtrisant vos pensées, vous créez de l'argent, de l'amour, de la joie, de la croissance et vous devenez libre. Vous êtes outillé pour disséminer le fantôme de la pauvreté et c'est en activant le pouvoir de votre richesse créative que vous transformerez le plomb en or. Si vous choisissez de croire en vous et de vous faire confiance en dirigeant vos pensées vers tout ce qui vous intéresse, vous verrez apparaître un grand changement dans votre vie. C'est en entretenant l'espoir, en créant des objectifs alignés à vos désirs profonds, en élevant vos vibrations et en faisant des plans pour y parvenir, que vous verrez progressivement la richesse entrer dans votre vie.

Si vous êtes motivé et discipliné, rien ne pourra vous arrêter. Si vous perdez la motivation en cours de route, il est possible que vous ayez emprunté un chemin qui n'était pas le vôtre... Cela signifie que vous ne vous êtes pas fait confiance ou que vous n'avez pas su reconnaître les signes qui vous indiquaient que vous faisiez fausse route. Tout arrive pour une bonne raison, alors faites de cette expérience un tremplin pour accéder à ce qui vous exalte en suivant votre propre vision. L'importance de vous aimer et d'aller chercher les réponses à l'intérieur de vous, est cruciale. Tout comme la nécessité de persévérer vers ce qui vous tient à cœur.

Vous êtes le seul à connaître vos vrais désirs. Si vous faites valider vos projets par trop de personnes, vous risquez de vous perdre et cela ne fera que nuire à vos intentions. Votre potentiel est infini. Ne croyez pas ceux qui vous disent le contraire et maintenez votre attention sur ce que vous désirez ardemment. Ne perdez plus d'énergie avec les choses qui ne vous correspondent pas et focalisez-vous sur celles qui alimentent votre feu intérieur.

Le cerveau collectif n'attend plus que vous ! Utilisez intelligemment votre pouvoir divin pour qu'il inonde ce monde en positif. L'accès à l'immense potentiel de la Conscience est la clef de toutes vos questions concernant l'argent, et seul un état d'esprit serein, positif et enjoué vous y amènera. La route est longue parfois, et nous l'empruntons tardivement quelquefois, mais ne dit-on pas qu'il vaut mieux tard que jamais ?

2) La peur d'être critiqué
La peur d'être critiqué n'est que le reflet de l'énergie que vous donnez à votre ego. Lorsqu'il s'est tu, vous ne vous attachez plus à ce genre de chose car ce qui vous interpelle le plus est de servir l'Univers. La peur de la critique est la peur que vous entretenez en pensant que vous serez mis à l'écart si vous sortez du lot et c'est « le Petit Moi » qui y croit fermement. Il n'accepte pas l'idée de la différence, pensant qu'elle sous-tend l'imperfection puisqu'il se croit parfait en rentrant dans le moule, cela le sécurise.

Si vous préférez faire comme les autres plutôt que de suivre votre vérité en toute sincérité, vous n'en récolterez rien de bon ; de plus, vous vous éloignerez de tout ce que la vie offre d'intéressant. Tout part de vous et tout est en vous. Sachant cela, il ne tient qu'à vous d'être confiant et de vous affirmer. Il y a une place pour chacun d'entre nous ici-bas, et nous ferions mieux d'en prendre vite conscience afin d'accepter le fait que nous n'avons pas à nous critiquer les uns les autres car nous perdons ainsi un temps précieux.

La critique est une énergie négative, qui de toutes les manières vous reviendra si vous laissez votre ego s'en emparer ! Au final la critique est infondée car lorsque vous critiquez une personne, vous vous critiquez vous-même.

Analysez en profondeur ce qui vous irrite chez l'autre et voyez plutôt l'occasion de travailler sur vous en pansant de vieilles blessures. Si vous êtes aligné avec la Source divine, aucune critique ne vous déstabilisera et vous n'aurez aucune envie d'accorder votre temps à ceux qui en usent, pas plus qu'aux sarcasmes et à la méchanceté gratuite qui ne sont pas des preuves d'intelligence. Pour conclure, soyez vous-même, cela suffit largement à faire la différence car nous ne sommes pas faits pour être des copies conformes les uns des autres, c'est ce qui fait notre charme !

3) La peur de tomber malade

Vous êtes né en santé et à part quelques exceptions, vous êtes destiné à le rester. Pour une majorité d'entre nous, la santé semble acquise jusqu'au jour où nous la perdons. Soyons d'abord reconnaissants pour ce cadeau du ciel qui nous permet d'évoluer et d'entreprendre de belles choses dans la vie.

Ce qu'il faut savoir à son sujet, c'est qu'elle est intimement liée à nos vibrations. En effet, la santé est d'abord un état d'être. Si vous ne faites pas attention aux pensées que vous entretenez et si vous ne respectez pas votre corps, ni vos besoins vitaux, il est fort probable que votre énergie diminue progressivement et que vous commenciez à développer des symptômes tels que le stress et l'anxiété qui favoriseront les problèmes de concentration, de fatigue chronique, de tension, de maladies nerveuses ainsi que toutes sortes de maux qui viendront appuyer sur ce qui n'est pas équilibré dans votre vie. Tout ce qui n'est pas en harmonie avec vos corps subtils se manifeste à travers le corps physique, ainsi, tout ce que vous ne voyez pas est bien souvent à l'origine de tout ce qui apparaît dans la matière.

Exemple : si vous avez des problèmes aux jambes, il est fort possible que quelquechose vous freine dans la vie… La solution se trouve dans la nature du problème. Un environnement pollué par des énergies négatives ou par des substances toxiques est hautement nuisible à l'homme. Vous ne voyez pas toujours ce qui est toxique, cependant, vous pouvez ressentir que vous êtes affecté par les ondes nocives de votre environnement ou par les mauvaises vibrations d'un individu, même si vous ne pouvez pas le certifier.

Plus vous apprendrez à développer vos perceptions, plus vous serez à même d'identifier la source de vos problèmes et de les guérir. Les fausses croyances participent à vous rendre malade en vous obligeant à faire un tas de choses pour essayer de conserver la santé, ce qui persuade votre subconscient que vous êtes atteint des maux que vous entretenez inconsciemment. Chassez activement tout sentiment de manque ou d'hypocondrie en matière de santé et prenez conscience que vous n'avez besoin de rien d'autre que de vous écouter pour vous sentir bien.

Si vous êtes malade, il est préférable de consulter votre médecin et de suivre le traitement qu'il vous préscrit. Vous pouvez toujours effectuer une contre visite si vous n'êtes pas satisfait du diagnostic, ou bien consulter des thérapeutes, si vous en ressentez le besoin. Faites preuve de bon sens et laissez-vous guider par votre intuition car elle vous dirigera vers la personne qui saura vous soigner. Gardez en tête que vous devez agir sur le plan physique et sur le plan éthérique pour vous guérir entièrement.

Enfin, ne focalisez pas votre attention là où il n'est pas nécessaire de le faire. Ignorez la peur de la maladie en respirant la santé et en vous aimant à chaque instant. Vous êtes votre priorité ! Vous devez apprendre à vous accorder du plaisir et à être enflammé par ce qui vous passionne. La peur de la maladie est intimement liée aux peurs de l'ego. Elle peut être d'origine héréditaire ou culturelle et est généralement associée à la peur de mourir, ce qu'ont bien saisi certains groupes qui nous inondent de leurs produits chimiques.

Les soucis, le découragement et les déceptions amoureuses ou professionnelles peuvent conduire l'esprit à la maladie. Si vous êtes trop imbu de votre personne, vous pouvez aussi la générer en vous attachant à des parties de votre corps que vous auriez peur de perdre. Le manque d'amour est la cause de toutes les maladies ! Pour rester en santé, il faut faire de l'exercice, surveiller votre alimentation, éviter les substances nocives et éviter de penser à la mort. Allez donc voir vos amis et partagez de bons moments avec eux ! Riez, dansez et chantez aussi souvent que possible ; riez comme un enfant !

Enfin sachez une chose : lorsque vous partirez et que vous laisserez votre habit terrestre au profit de votre habit céleste qui abrite la conscience immortelle que nous sommes tous, vous ne franchirez qu'un palier. La transition sera de courte durée. On dit toujours que l'on meurt comme on a vécu, alors efforcez-vous de vivre du mieux possible dès à présent...

4) La peur de perdre l'être aimé

La peur de perdre l'être aimé est directement liée à la dépendance affective. Vous pensez qu'on viendra voler l'objet de vos désirs si vous lui accordez la liberté ; or, il n'en est rien. A trop essayer de retenir la personne que vous aimez, vous obtiendrez l'inverse de ce que vous souhaitez. Cette personne finira par vous quitter car vous n'aurez cessé de lui envoyer des signaux manifestant le manque. Ils auront traduit votre propre absence de confiance, ainsi que celle que vous accordiez à l'être qui vous était cher.

Lorsqu'une personne vous aime vraiment, elle vous laisse libre car elle sait qu'elle n'a rien à craindre. Si votre amour est authentique et réciproque, il n'y a absolument aucune raison de le ligoter ni de le cacher, car il est digne d'être vécu. Tout ce qui vous est destiné, vous revient : cette loi est immuable. Placez votre confiance au bon endroit et choisissez la personne avec qui vous avez décidé de vivre soigneusement et avec discernement. Vous n'en retirerez que plus de satisfaction et vous pourrez observer que votre amour se transforme et grandit au fil du temps, car le temps c'est de l'amour. Vous devez vous nourrir l'un l'autre pour que votre relation dure ; de plus, il est indispensable d'avoir du désir pour votre partenaire, sans quoi le temps dissoudra votre union.

Et si le grand amour vous a plongé dans un profond chagrin, sachez que tout arrive pour une raison et que le plan et le « *timing* » divin sont parfaits. Ce qui veut dire que vous retrouverez quelqu'un qui vous correspond si c'est votre volonté, ou que vous finirez par retrouver la personne en question car l'amour ne frappe jamais qu'une fois. Il frappe plusieurs fois ! Pensez-y dans vos longs moments de solitude et dites-vous bien qu'il n'attend que vous. Il suffit peut-être qu'il ait une place dans votre vie… Élevez-vous, vous verrez que l'amour patientait et qu'il était là… Il a toujours été présent.

5) La peur de vieillir

La peur de la vieillesse est souvent la mauvaise projection que vous en avez. Vieillir pour un être humain est souvent synonyme de maladie, d'invalidité et de mort. L'image que vous vous faites de la vieillesse est rétrograde car faussée par l'illusion de la folie du monde dans lequel vous vivez actuellement. Jadis, il y a des milliers d'années, vivaient des peuples qui adulaient leurs Anciens. Ces peuples vivaient bien plus longtemps que nous et la vieillesse était perçue comme un joyau. C'était le signe d'un grand savoir et d'une immense capacité à enseigner aux plus jeunes comment utiliser leur potentiel et comment acquérir la connaissance nécessaire à leur évolution.

Des êtres plus évolués que nous avaient compris à quel point l'important n'était pas le nombre des années, mais la quantité d'amour amassée au long du parcours. Méditez ces mots : « la quantité d'amour amassée au long du parcours… »

Plus vous associez l'amour à tout ce qui vous traverse, moins les rides feront leur apparition rapidement. Vous n'avez pas à vous soucier de la vieillesse quand vous êtes jeune car vous gaspillez votre énergie en le faisant. En prenant de l'âge, vous vous acquitterez de la vieillesse en cultivant la sagesse. Elle vous embellira et vous aidera à traverser les années en réduisant vos peines et vos difficultés. Vous ne serez jamais plus près de l'Univers qu'en gagnant de l'âge.

Ne pourrions-nous pas imaginer qu'en nous en rapprochant, nous soyons tous aptes à saisir l'ultime vérité, à savoir que la Conscience est unique et que nous sommes éternels…

6) La peur de mourir

La peur de mourir est la plus grande peur de l'ego. Le temps dissout les choses, et l'ego le sait parfaitement bien. Il est persuadé que rien ne subsiste au-delà des apparences. Plus il observe la mort et plus elle le terrifie. En toutes circonstances, le Petit Moi s'acharne à penser qu'il doit lutter pour vivre car il en veut toujours plus !

Je songe aux très belles paroles d'Eckart Tolle qui se trouvent dans son livre audio *En présence d'un profond mystère* et qui nous livre que « nous avons tous été piégés par l'image du « Moi » créée par le mental, avec son histoire en chantier et sa quête inexorable de chercher celui ou celle qui le complètera. L'ego doit toujours obtenir plus pour être comblé, ce qui provoque de nombreuses désillusions. À cela s'ajoute qu'il s'identifie à son histoire, et tôt ou tard, et c'est encore ici plus tôt que tard, la frustration s'installe car ses attentes ne sont pas satisfaites. L'Univers conspire contre lui ! Et il y va de ses interprétations plus ou moins douteuses… Il est intéressant de voir que l'ego a toujours raison et que le monde entier a de plus en plus tort ; son image s'en trouve ainsi renforcée car il a besoin d'énergie pour exister… »

Comprenez à quel point la mort n'est qu'un passage. Vous n'avez ni à y penser, ni à en parler sans arrêt : c'est un fait. Acceptez l'idée que la Conscience ne meurt jamais et vous serez délivré du monde des formes et de la peur de ne plus être. Les peuples anciens pensaient que l'âme voyageait dans d'autres dimensions et qu'il existait d'autres plans. Ils nous ont transmis leurs croyances à travers une multitude d'édifices et de réalisations artistiques. Les Égyptiens momifiaient leurs rois pour qu'ils puissent revenir sur Terre lorsque le temps serait venu… D'innombrables peuplades pratiquaient la momification.

Nous savons maintenant grâce aux multiples témoignages de NDE (*Near Death Experience*) que l'âme nous permet de voyager et qu'elle communique bien avec d'autres plans. Nous savons aussi que le monde se compose de deux éléments : l'énergie et la matière. La physique élémentaire nous apprend que ni l'une ni l'autre, ne peut être créée ou détruite. Elles ne peuvent être que transformées, car elles ne sont qu'énergie...

La mort n'est qu'une transition. Balayez les fausses idées que vos dogmes ont établies sur la mort. Pensez plutôt qu'au-delà de la mort règne la paix éternelle et que foisonnent d'autres dimensions plus fantastiques les unes que les autres !

Nous ne sommes pas seuls dans l'Univers et nous sommes de plus en plus nombreux à en être convaincus. En vivant en conscience dans la paix, l'amour et l'unité, vous percevrez tout cela bien avant que la mort ne vienne vous le prouver.

....

Je clos ce chapitre par trois citations qui me semblent explicites :

« La nature ignore l'imperfection : l'imperfection est une notion de l'homme qui perçoit la nature. Dans la mesure où nous faisons partie de la nature, nous sommes également parfaits ; c'est notre humanité qui est imparfaite. »

Heinz Pagels

« Votre vision devient claire lorsque vous pouvez regarder dans votre cœur. Celui qui regarde à l'extérieur de soi ne fait que rêver ; celui qui regarde en soi se réveille. »

Carl Gusatve Jung

« À l'instant où un être s'engage de manière irréversible, la providence se met, elle aussi, en mouvement. Toutes sortes de choses se produisent pour l'aider, des choses qui ne se seraient jamais produites autrement... Des incidents inattendus, des rencontres fortuites et un soutien matériel dépassant tout ce qu'il aurait pu imaginer. »

Johann Wolfgang von Goethe

Chapitre 20

Je suis...

Les mots « Je suis » sont très puissants. Il faut être prudent avec les mots, car vous émettez des vibrations lorsque vous parlez. Si ces vibrations sont positives, vous allez envoyer des informations judicieuses et efficaces à l'Univers. Rappelez-vous aussi qu'elles transitent (y compris les probabilités et les synchronicités) dans l'Espace qui vous enveloppe. Si ces informations sont équilibrées et qu'elles soutiennent vos valeurs et celle de l'Être, vous obtiendrez plus de bonnes choses dans votre vie. Il va sans dire que si c'est l'inverse, vous recevrez ce que vous avez envoyé !

Le cerveau est un centre d'opérations célestes qui nous permet de communiquer avec des forces intangibles. Pour employer une métaphore, je dirais qu'il fonctionne comme un distributeur : vous déterminez ce que vous voulez, vous appuyez sur le bouton en mettant une pièce et le distributeur vous livre la commande ! Vous êtes doté d'un cerveau dont les capacités dépassent largement le cadre de ses fonctions quotidiennes. Vous vous définissez en employant « Je suis… », ce qui a pour conséquence de vous caractériser, et d'avoir une incidence sur vos comportements.

Si vous parlez souvent de vous-même d'une manière négative en utilisant ces mots, vous n'évoluerez pas en bien car vous adopterez une attitude pessimiste nuisible, aussi bien pour vous que pour votre entourage. Prenez humblement conscience que vous avez tout à gagner en faisant suivre les mots « Je suis » par des affirmations positives, qui vous reviendront automatiquement.

Vous pouvez choisir ce qui vous définira d'une manière intelligente afin d'attirer ce que vous souhaitez dans votre vie ; malheureusement, nous avons souvent recours à ce grand pouvoir à notre insu ! Force est de constater que nous ne réalisons pas à quel point cela affecte notre avenir, car toutes nos déclarations négatives ont un impact considérable sur ce que nous créons. Ainsi, quand nous nous levons le matin et que nous soupirons :

« Je ne suis pas pressé d'aller travailler aujourd'hui ! », nous serons encore plus démotivés et nous finirons par stopper le flux d'argent qui nous provient d'un emploi visiblement inadapté ou insatisfaisant.

Autre exemple : lorsque nous nous regardons dans la glace et que nous maugréons :

« Pff... Je suis moche ! », nous créons plus de laideur.

Enfin, lorsque nous pensons à la réalisation de nos rêves, nous prétendons parfois être trop vieux ou ne pas être assez intelligent, riche, méritant, etc. Tout ceci ne fait qu'indiquer à l'Univers que vous incluez ces choses dans votre vie ; de ce fait, vous aurez beaucoup de mal à vous dépasser puisqu'elles vous entraveront. Il est plus facile de changer que de résister, et c'est en convertissant le négatif en positif que vous réussirez à le faire ; ainsi, quand vous passez vos journées à vous dire :

« Je suis veinard, c'est incroyable ! », vous attirez la chance.

« Je suis doué ! », le talent vous traque.

« Je suis enthousiaste car j'aime mon travail ! », vous embrassez la réussite et la prospérité.

Je peux vous dire qu'il est préférable de proclamer ces phrases à haute voix, car elles insufflent la vie à vos pensées et renforcent ainsi vos croyances. Si vous pensez « je suis content », c'est déjà bien, mais si vous le dites, c'est encore mieux car l'énergie que vous dégagez est plus puissante. Pensez à irradier de l'intérieur vers l'extérieur. Si vous voulez vivre votre rêve, surmonter un obstacle ou atteindre un objectif, commencez par le déclarer car c'est ainsi que vous attirerez de l'argent, des idées et des opportunités !

Comprendre le pouvoir de « Je suis » et l'utiliser en votre faveur peut métamorphoser votre vie et celles des autres. Nous ne prêtons pas assez attention aux mots qui sortent de notre bouche et qui font partie d'un processus impalpable engendrant une réalité qui l'est complètement. Je vous suggère d'établir une liste d'affirmations positives de « Je suis » avec vos mots et vos souhaits. Ils agiront ainsi en profondeur sur votre être. Plus vous méditerez dessus d'une manière constante, plus vous vous les accaparerez et les manifesterez ! Tout devient réalité lorsque nous sommes alignés avec la Conscience. Il ne s'agit que d'une question de temps pour insuffler la vie à vos désirs ardents. Soyez patient car il faut toujours un peu d'espace pour créer... Vous me suivez...? N'hésitez pas à relire plusieurs fois les livres qui traitent de ce sujet et à prendre des notes. Vous verrez que vous découvrirez toujours de nouvelles choses ! *Idem* en ce qui concerne les enregistrements audio et vidéo.

Définissez et rédigez clairement vos objectifs, puis, relisez-les souvent. Visualisez chaque jour en pensée tout ce qui contribue à vous rapprocher de l'idée que vous vous faites de la meilleure version de vous-même, et vous réveillerez le Divin qui sommeille en vous ! C'est de cette unique façon que vous arrêterez de subir les aléas de ce monde et que vous vivrez la vie que vous souhaitez en harmonie avec tout ce qui est.

Lorsque vous participez au processus de création et que vous employez « Je suis », sentez la vibration qui se dégage de votre phrase. Immergez-vous profondément dans ce que vous affirmez et soyez fier de créer une réalité fidèle à vos valeurs. N'essayez pas de placer la barre trop haut lorsque vous faites une demande à l'Univers ; préférez ajuster vos demandes à votre potentiel afin de le voir croître au fur et à mesure de vos concrétisations. C'est ainsi que vous serez toujours satisfait de vos résultats sans craindre l'échec dû à un manque de connaissances. Comme je l'ai expliqué, il faut parfois se faire violence pour ne pas aller trop vite. Il est préférable d'agir avec sagesse et d'éviter de se disperser. Si vous savez doser vos efforts et reconnaître que rien n'est parfait ici-bas, vous appréhenderez la vie d'une manière plus légère en étant plus fantaisiste, sans vous appesantir sur les détails futiles qui vous limitent plus qu'ils n'élèvent vos créations. L'équilibre n'est pas toujours simple à trouver lorsque nous réalisons des choses qui nous tiennent à cœur et que nous nous investissons corps et âme dans les différentes tâches qui nous permettent de les matérialiser. Votre bon sens et votre corps physique sauront vous aiguiller lorsque le soucis du détail se transformera en une sorte de perfection suspecte, avide du mieux qui est le pire ennemi du bien ! Vous le sentirez et c'est là qu'il faudra relâcher l'effort et tempérer vos pulsions pour conserver la paix intérieure.

CHAPITRE 21

À vous de jouer !

Je vous ai livré plusieurs informations au fil des chapitres de ce livre. Afin que vous puissiez en profiter d'une manière simple et efficace, j'ai regroupé quelques méthodes dans ce dernier chapitre.

* L'Observateur – Je suis éveillé !
* L'autosuggestion – Je suis épanoui !
* La loi d'attraction – Je suis un magicien !

Notes :
Pour devenir plus conscient, il est fondamental de vous soustraire de l'emprise de l'ego et du mental inférieur qui génère le mal-être en absorbant les pensées négatives. Pour ce faire vous pouvez utiliser plusieurs outils qui vous permettront progressivement d'inverser les rôles et d'accéder à un état de quiétude. Il est impératif que vous preniez conscience que vous êtes l'Observateur, c'est-à-dire un Esprit disposant d'un corps et que vous n'êtes pas vos pensées. Cette prise de conscience vous alignera à la Source divine et vous permettra d'accéder à l'Espace intelligent qui vous habite et qui vous entoure dans le moment présent. Les méditations qui suivront cette prise de conscience seront plus à même de vous satisfaire et sont essentielles à votre évolution spirituelle et

à votre équilibre. Pour les approfondir, il suffit juste de les intégrer quotidiennement à votre emploi du temps en variant les techniques si nécessaire. Vous n'avez besoin de rien d'autre.

J'en profite pour aborder la question de la gestion des émotions en lien direct avec votre niveau de conscience. Pour mieux contrôler vos émotions négatives, il faut apprendre à vous défaire des attachements. Vous pouvez remettre vos doutes, vos peurs et vos souffrances aux maîtres ascensionnés qui sauront vous épauler puisqu'ils les ont surmontés, soit en les écrivant, soit en priant ; vous pouvez aussi les inscrire sur une feuille puis la brûler pour vous en libérer. C'est vraiment efficace ! Maintenez ou élevez votre taux vibratoire afin de pouvoir accueillir les émotions débilitantes sans les nourrir. Elles n'ont pas à camper durant des semaines sur le seuil de votre porte ! Elles peuvent bloquer des situations en vous empêchant d'accéder à la sérénité ; le seul moyen d'en réchapper est d'accéder à votre Moi supérieur et de vivre dans l'instant, c'est-à-dire maintenant.

Plus vous aurez dépassé le stade de la douleur émotionnelle qui nous affecte tous, plus vous serez fort. Ces tourments n'ont qu'un seul but : incarner l'Être supérieur de toutes les manières qui soient. Ils vous font grandir !

Pour soigner le corps mental il est utile de lire et d'écrire, pour soigner le corps émotionnel il est utile de communiquer et de partager avec les autres, et pour soigner le corps physique il est utile de faire de l'exercice et d'équilibrer son alimentation. Attention cependant à ne pas confondre le soin du corps physique, c'est-à-dire son entretien, avec le soin médical pour le corps qui vous demande de suivre un traitement.

Les fleurs de Bach peuvent être un bon moyen d'apaiser le corps émotionnel. Elles sont naturelles, efficaces et simples à trouver. Je vous conseille de consulter un sophrologue qui vous indiquera celles qui peuvent vous convenir. Enfin, ne retenez pas vos larmes si vous avez besoin de pleurer, car c'est un bon moyen de nettoyer l'énergie négative ! *Idem* si vous avez envie de crier, extériorisez votre colère, de préférence seul dans la nature ou lors d'un exercice physique qui vous permette d'évacuer la charge que vous portez par son équivalent en termes d'effort.

Voyez, tout a son utilité ! Délestez-vous, d'une manière ou d'une autre, du poids des mauvaises émotions qui saccagent votre moral et déclenchent des états de crise profonds.

Technique de l'Observateur :
* Utile au quotidien*

Isolez-vous dans une pièce calme et rassurante, là où personne ne viendra vous embêter. Vous pouvez allumer une bougie blanche ou un encens à condition qu'il ne sente pas trop fort (évitez la sauge) afin de créer une atmosphère propice à l'évasion et au bien-être. Mettez une petite alarme si vous avez un certain temps à consacrer à cet exercice. Pour ma part, je n'en ai pas besoin car j'utilise mon « horloge interne », cela dit, nous ne savons pas tous nous en servir…

Si vous décidez de passer du temps à l'extérieur, ce que je vous recommande de faire dès que vous en avez l'occasion, préférez faire de longues balades dans la nature et optez pour un endroit paisible qui vous procure un réel bien-être. Prenez un petit coussin dans un sac à dos et asseyez-vous confortablement en position du lotus. L'eau aide vraiment les personnes hypersensibles à se reconnecter alors n'hésitez pas à en profiter.

Lorsque vous êtes prêt, fermez les yeux et laissez-vous porter par tout ce qui vient dans votre esprit. N'analysez rien et ne jugez pas : n'encouragez pas le mental à intervenir car vous n'êtes pas les pensées. Le mental est le penseur : observez le fonctionner pour ne plus l'alimenter ; il perd son pouvoir lorsque vous vous en détachez... Laissez-vous aller, acceptez ce qui se présente et respirez doucement. Espacez vos respirations petit à petit ; une sensation d'apaisement va bientôt vous envahir. En accueillant vos pensées comme vos émotions sans résister, vous favorisez la connexion avec votre Moi supérieur. Ce que nous souhaitons créer au cours de cet exercice est une brèche qui vous permette d'expérimenter le silence et l'espace. Nous n'en sommes pas encore à des méditations profondes ni à des techniques d'expansion de conscience.

Durant cet exercice, tentez de percevoir ce qui vous entoure en utilisant vos sens. Plus vous vous ancrez dans le présent et plus les pensées s'estompent car vous leur barrez la route en vous concentrant ! Vous concentrer sur une bougie ou sur le bruit de l'eau est un excellent moyen d'accéder à la Conscience. Revenez toujours à vos sens lorsque vous constatez que votre ego s'emballe et que les pensées vous assaillent. Apprenez à observer avec vos yeux et surtout avec votre esprit ; les deux créeront un hiatus dans le mental. Plus cet intervalle sera long et plus vous vous désidentifierez des pensées en vous en libérant. La contemplation est un merveilleux moyen de ne faire qu'un avec la Conscience car elle vous amène à transcender la matière et à vous perdre dans l'infini... Vous pouvez vous servir de musiques méditatives pour vous transposer (vous en trouverez dans le blog de mon site internet qui dispose aussi de mantras).

Regardez à quel point les animaux sont de merveilleux observateurs. Ils ne pensent pas, ils observent et se fient à leurs sens. Devenez comme l'oiseau sur la branche, prêt à s'envoler et libre de toute pensée ! Pour la petite anecdote, les chats étaient vénérés au temps de l'Égypte antique, non seulement car ils étaient associés au symbole de la protection (et plus tard de la fertilité), mais aussi car ils symbolisaient la connexion avec la Conscience et incarnaient donc très bien « l'Observateur ».

Le chat peut rester des heures à observer sans bouger ; de plus, il s'avère être un compagnon idéal pour les gens ayant des facultés extrasensorielles développées. Il a un effet bénéfique sur les ondes négatives des personnes comme des habitations, qu'il chasse automatiquement pour laisser place au positif !

Lorsque vous êtes connecté avec la Conscience, vous êtes non seulement plus intelligent car vous fonctionnez à un niveau supérieur, mais vous êtes également capable de transmuter l'énergie négative. Cet état libérateur est donc à privilégier. Pour vous aider à y accéder, je vous recommande, entre autres, les livres audio d'Eckart Tolle et du Docteur Wayne Dyer qui ont amplement contribué à élargir les consciences. Ils m'ont incontestablement ouvert des portes. Nous les ouvrons tous à notre rythme et nous empruntons toujours des portes différentes ; c'est ce qui nous caractérise et c'est très bien ainsi. Vous verrez qu'en devenant progressivement le témoin silencieux, ici et maintenant, de jour comme de nuit et à tout moment, vous vous libèrerez du carcan de l'ego.

L'autosuggestion :

L'autosuggestion est un moyen efficace de faire passer des informations précieuses au subconscient. Cette méthode vous permet de contrebalancer les idées négatives qui s'y sont installées et de déloger tout ce qui ne contribue pas à votre épanouissement personnel et à votre réussite matérielle et financière. Lorsque vous utilisez ce grand pouvoir, vous envoyez des ondes positives à votre cerveau, qui les reçoit et les convertit en pensées. Ces pensées deviendront des paroles, puis des actes à partir desquels vous bâtirez des plans qui vous mèneront vers ce que vous désirez vraiment.

L'efficacité de l'autosuggestion est prouvée et vous donne accès à votre plein potentiel. Vous avez alors une vision plus juste et plus valorisante de vous-même, ce qui vous conduit invariablement à réussir tout ce que vous entreprenez.

Pour utiliser cette méthode du mieux possible, vous devez vous assurer de greffer des émotions aux images et aux phrases écrites et orales que vous répèterez pour inonder votre subconscient d'éléments puissants et constructifs. Pour parvenir à ressentir de bons sentiments, il est nécessaire d'établir un bilan qui vous permettra de savoir ce que vous désirez ardemment. Lorsque vous aurez une idée claire de ce qui vous fait vibrer, vous pourrez passer à l'étape de l'autosuggestion. Les sensations alliées aux affirmations positives serviront de catalyseur pour manifester vos souhaits !

L'autosuggestion concernant le travail

La meilleure chose à faire lorsque vous établissez un bilan est de vous baser sur votre situation actuelle. N'oubliez pas que nous évoluons au fil du temps.

1) Prenez un carnet et un stylo, rédigez ensuite tout ce qui vous a satisfait et ce que vous avez appris l'année précédente, puis notez ce que vous aimeriez transformer au niveau de votre travail, de vos habitudes et de vos attitudes. Par exemple, si vous trouvez que vous ne vous êtes pas assez investi dans vos projets et que vous êtes désordonné, écrivez ce que vous pourriez faire pour changer cela. Vous pourriez aussi avoir besoin de plus vous affirmer, ou encore d'être plus flexible. Inscrivez tout ce qui vous vient en tête et tentez de savoir ce qui provoque des résultats décevants. Vous pouvez faire un bilan plus complet en procédant de la même manière sur plusieurs années. Compilez les années, ce sera nettement plus simple, et au final, vous aurez un aperçu plus synthétique qui éclaircira votre vision plutôt que de l'embrouiller. Savoir être concis dans certains domaines dénote une grande capacité de compréhension, tout comme savoir être patient.

2) Exprimez par écrit ce que vous aimeriez vraiment être maintenant, et ce que vous pourriez mettre en place pour y parvenir. Il est souvent bien plus simple de vous servir de ce que vous avez acquis pour évoluer, et dans bien des cas, il n'est pas forcément nécessaire de changer

complètement de travail, il suffit juste de réorienter votre activité pour qu'elle vous apporte une réelle satisfaction. En effet, vous pouvez trouver des solutions qui vous éviteront des années de formation et qui seront plus simples à mettre en place au quotidien. Nous cherchons bien souvent à tout modifier, or il n'est pas forcément nécessaire de le faire, à part si vous vous êtes égaré ou si votre activité est désuète.

3) Si votre travail ne vous satisfait plus ou que vous souhaitez en changer, une des premières choses à faire est d'établir vos valeurs, car elles vous définissent.
– Notez six valeurs qui vous caractérisent le plus (exemple de valeurs : la créativité, la détermination, la concentration, l'harmonie, la bienveillance, le dynamisme, le courage, l'intuition, la loyauté, l'honnêteté...)
– Dès que vous avez terminé, notez trois de vos passions (ex. : écriture, développement personnel, etc.)
– Puis, choisissez cinq de vos dons les plus prononcés. Préférez ceux qui vous apportent une spécificité et du bien-être. Ces dons doivent être innés et ne doivent pas générer d'effort lorsque vous les mettez en pratique. Organisez-les en mettant ceux qui vous permettent de vous démarquer en premier.

4) Faites une liste de vos réalisations importantes, puis réfléchissez à vos succès. Quels sont-ils ? Notez-les et décrivez en trois points comment vous êtes arrivé à atteindre vos objectifs.
1. Notez les actions que vous avez entreprises pour atteindre vos objectifs.
2. Sur quoi vous concentriez-vous au moment de leur ré-

alisation?

3. Quelles ont été les clefs de votre réussite, ou quelles valeurs vous ont été utiles dans cet accomplissement ? Notez-en sept, pas plus.

5) Exposez ce que vous aimeriez beaucoup être, faire et avoir :
– J'aimerais beaucoup être... (et complétez)
Si vous avez un but bien précis, décrivez-le en deux phrases maximum. Voyez si cela correspond à vos compétences ou si vous avez besoin de vous spécialiser pour vous en rapprocher. Les formations à distance, par exemple, peuvent vous aider à acquérir la corde qu'il manque à votre arc.

6) Prenez ensuite une petite fiche Bristol pour écrire ce qui suit ; notez-le également dans votre téléphone portable pour lire ces lignes aussi souvent que possible :
« Cher Univers, merci pour ………………………… car je suis si heureux d'être………………… ; cela me fait vibrer et me remplit de bonheur à chaque instant ! »
Faites comme si vous aviez déjà atteint cet objectif en vous munissant d'outils pour vous y aider (cf. chapitre 11) et ressentez la joie d'y être parvenu.

7) Énumérez les moyens de vous améliorer dans le domaine qui vous interpelle en les couchant par écrit. Ceci vous aidera à mettre en place de petits rituels qui contribueront à vous faire progresser vers le but que vous vous êtes fixé. Utilisez la visualisation créatrice pour vous projeter dans votre future activité en la décrivant aussi clairement que possible ; rien ne vous empêchera, bien

sûr, de modifier certains détails en cours de route. Sachez également qu'il est important de définir ce que vous êtes en mesure de donner en contrepartie de ce que vous désirez recevoir. On n'a jamais rien sans rien !

L'autosuggestion concernant les relations

Vous pouvez pratiquer l'autosuggestion en ce qui concerne vos relations. Par exemple si vous souhaitez avoir de bonnes relations avec votre entourage, je vous recommande d'entretenir de bonnes pensées concernant les personnes en question, puis de vous visualiser dans des situations heureuses qui vous procurent un grand bien-être et du plaisir, sans vous soucier du contexte extérieur. Pratiquer des affirmations positives, écrites et orales, peut être un bon exercice pour vous aider à débloquer un contexte difficile et à diriger vos pensées vers le meilleur et non l'inverse. Faites une liste des qualités et des défauts des gens qui posent problème et voyez s'ils n'ont pas plus de qualités que de défauts... Si ces gens vous nourrissent et que vos rapports sont équitables, il n'est peut-être pas nécessaire de tout remettre en cause. Bien souvent, nous nous emportons pour des broutilles en laissant la fatigue, les suppositions et le manque de communication interférer avec la réalité. Ce comportement est à l'origine des disputes, des divorces et des crises existentielles, alors privilégiez la communication sous toutes ses formes !

Si vous avez un doute concernant une relation de cœur, je vous propose d'aborder quelques points fondamentaux qui vous révéleront, si dans l'ensemble, elle est équilibrée ou pas. Je souligne que chaque cas est particulier et que ceci ne vise qu'à vous éclairer ; vous restez seul juge.

Vous êtes dans une relation saine et enrichissante si :
– Il y a du respect et de l'écoute entre vous.
– Vous vous parlez avec bienveillance et sincérité.
– Vous pouvez exprimer librement vos désaccords et extérioriser vos émotions en toute sécurité.
– Vous vous pardonnez facilement après une dispute.
– Les actes et les comportements de l'autre sont en accord avec vos valeurs et vos croyances.
– Vous vous donnez de l'espace pour évoluer.
– Vous pouvez vous affirmer et lui dire non sans éprouver de la culpabilité.
– Vous appréciez vos qualités comme vos défauts.
– Vous vous souciez de l'un comme de l'autre et désirez faire des efforts pour améliorer votre relation.
– Vous vous sentez heureux, inspirés, dynamisés et vraiment très bien lorsque vous êtes ensemble.
– Vous êtes solidaires dans les échecs comme dans les réussites.
– Votre partenaire vous valorise, et non l'inverse.
– Vous êtes authentiques et vous vous reflétez l'un l'autre la vision intérieure qui vous anime positivement.
– Vous constatez que vous pouvez vous faire confiance.
– Vous vous encouragez à franchir des étapes et vous vous intéressez aux objectifs de chacun.
– Vous vous amusez lorsque vous êtes ensemble.
– Vous vous rendez mutuellement meilleurs.

Si vous voyez que vous êtes dans le cas inverse ou que vous ne vous retrouvez pas au moins dans huit de ces points, il est temps de savoir si vous avez vraiment envie de poursuivre car visiblement, cette relation ne vous élève pas et semble insatisfaisante... Peut-être devriez-vous passer à autre chose ?

Si vous vous retrouvez dans une bonne moitié de ces points, c'est qu'il y a encore de petites choses à travailler mais ceci ne veut pas forcément dire qu'il faille baisser les bras ! Analysez ce qui ne fonctionne pas très bien et concentrez vos efforts là-dessus. Les échanges sont cruciaux si vous souhaitez avoir une belle relation qui s'améliore au fil du temps.

Si vous vous reconnaissez dans tous ces points ou presque, vous avez une excellente relation qui semble stable, fertile et harmonieuse. Bien que vous puissiez avoir quelques petits désaccords, vous paraissez capables de les surmonter intelligemment et d'en faire fi rapidement. Continuez, vous êtes sur le bon chemin !

La loi d'attraction :
Utile au quotidien

– Sondez-vous et déterminez ce que vous désirez ardemment (ex : une relation, un emploi, un objet etc.)
– Posez une intention ferme.
– Concentrez-vous dessus en l'imaginant clairement (utilisez un maximum d'outils pour vous y aider).
– Visualisez l'objet de vos désirs dans des situations positives qui vous donnent du plaisir. Envoyez des paroles et des images à l'Univers, en pensée. Pensez-y assez souvent avec ferveur et constance.
– Vibrez le bien-être, l'amour et la joie en ressentant

que vous êtes, ou que vous avez, ce qui enflamme votre cœur. Faites appel à vos sens !

– Remerciez l'Univers et préparez-vous à recevoir ce que vous avez imaginé. Vos pensées sont ainsi transformées en actions et deviennent réalité. Tout ce que vous pouvez imaginer existe déjà, c'est une simple question de temps pour l'attirer, alors restez confiant et sachez que vous le recevrez !

Je vous quitte en vous laissant méditer la citation qui suit et en vous souhaitant de manifester la vie que vous désirez ! Qu'elle vous apporte le bonheur, l'amour, la joie et l'abondance que vous méritez.

> « *Ce que tu penses, tu le deviens*
> *Ce que tu ressens, tu l'attires*
> *Ce que tu imagines, tu le crées.* »
>
> **Bouddha**

Remerciements

Je tiens à remercier Sonia Choquette pour ses enseignements qui sont à son image, dont l'essence est pur amour, ainsi que mes proches, amis et collaborateurs, qui m'ont soutenue tout au long de mon parcours.

Je tiens également à remercier Bob Proctor, que je considère également comme un mentor et qui m'inspire, tout comme Sonia Choquette, le plus grand respect et la plus profonde considération. Merci d'œuvrer pour améliorer ce monde et pour nous enseigner l'art de nous transformer et d'évoluer avec confiance et dignité.

L'auteure

Marlène Masquilier est auteure, artiste et consultante. Elle travaille deux ans en Floride à Disneyworld après avoir terminé ses études supérieures à Emile Cohl. De retour en France, elle devient consultante pour l'ASE de Cap Gemini Ernst and Young, puis se spécialise dans le secteur de l'affichage et des enseignes à la frontière suisse. Après quelques années, elle décide de s'installer comme graphiste-illustratrice indépendante et collabore avec l'État de Genève et d'autres organismes français et étrangers tandis qu'est publié son premier album dédié à la jeunesse. Elle s'intéresse rapidement au développement personnel et devient passionnée par le sujet qu'elle étudie maintenant depuis plusieurs années. Philosophe et spirituelle, elle décide d'approfondir ses connaissances auprès de Sonia Choquette afin d'aider ses semblables à devenir plus épanouis, plus performants et plus conscients. Vous pouvez consulter son site Web à l'adresse suivante : **www.marlenebloomingarts.com**

Bibliographie commentée

Vous trouverez ci-dessous quelques livres cultes qui ont largement participé à élargir les consciences. Ils font tous partie de ma bibliothèque et je n'ai de cesse de les lire et de les relire. Ils ont contribué à améliorer la vie de millions de personnes, il me semble donc essentiel de les mentionner dans cet ouvrage car ce sont des références.

Livres

Dr W. DYER Wayne, *Il existe une solution spirituelle à tous vos problèmes*, Editions J'ai Lu, 2009.
Dr W. DYER Wayne, *Il faut le croire pour le voir*, Editions J'ai Lu, 2011.
HILL Napoléon, *Réfléchissez et devenez riche*, Editions J'ai Lu, 2010.
L. HAY Louise, *Transformez votre vie*, Editions Marabout, 2013.
PROCTOR Bob, GALLAGHER Sandra, *The Art of Living*, Editions TarcherPerigee, 2015.
PROCTOR Bob, *Vous êtes né riche*, Macro Editions, 2016.

Livres audio

Dr W. DYER Wayne, *Le pouvoir de l'intention*, Ada Audio, 2007.
TOLLE Eckhart, *Le pouvoir du moment présent*, Ada Audio, 2007.
TOLLE Eckhart, *En présence d'un profond mystère*, Ada Audio, 2013.